Kohlhammer

Peter Wick

Bibelkunde des Neuen Testaments

Verlag W. Kohlhammer

ISBN 3-17-018137-8

Vorwort

Das Wort Gottes ist Grundlage jeder evangelischen Kirche. Deshalb gehört zu jeder evangelischen Sozialisation auch ein längerer Bildungsweg in Bezug auf die Bibel. Schule, kirchlicher Unterricht und vor allem die Unterweisung zu Hause vermittelten in einer noch nicht allzuweit zurückliegenden Vergangenheit dem heranwachsenden Kind bis zu dessen Eintritt in das Erwachsenenalter wenigstens von der Idee her profunde Bibelkenntnisse. Das Studium der evangelischen Theologie wurde auf dieses bei den Studenten vorausgesetzte Bibelwissen aufgebaut. Seit einigen Jahrzehnten zerbröckelt aber diese Voraussetzung immer mehr. Da immer weniger Studierende Kenntnisse der biblischen Sprachen aus der Schule an die Hochschulen mitbrachten, wurden Sprachkurse eingeführt. Auf das Fehlen bibelkundlichen Wissens wurde mit bibelkundlichen Übungen, Bibelkunden und Prüfungen reagiert. Doch zu einer grundsätzlichen Überprüfung und Änderung des Aufbaus des Theologiestudiums hat diese Entwicklung noch nicht geführt. Trotz der genannten Reaktionen wurde und wird der Graben zwischen dem alten evangelischen Ideal und dem Mangel an bibelkundlicher Kompetenz immer noch größer, da heute auch viele Studierende, die seit Jahren fest in einer Gemeindearbeit oder in einem christlichen Jugendwerk verwurzelt sind, von dort her nicht mehr unbedingt größere Bibelkenntnisse mitbringen.

Doch ein Theologiestudium oder auch eine andere Ausbildung für einen kirchlichen oder gemeindlichen Dienst kann evangelisch nur gelingen, wenn umfangreicheres bibelkundliches Wissen bei den Auszubildenden vorausgesetzt werden kann. Denn Bibelkunde ist nicht nur entscheidende Voraussetzung für das Fach Neues Testament und Altes Testament, sondern bleibt auch Voraussetzung für Kirchengeschichte, Dogmatik, Ethik und Praktische Theologie. Zur Kirchengeschichte als theologischer Disziplin gehört auch das Wissen darum, in welchen kirchlichen und politischen Bewegungen welche Bibelstellen und Bibelauslegungen und welche damit verbundenen Fragen eine Rolle gespielt haben. Das Lernen der systematischen Fächer wird für die Studierenden zu einem bloßen Auswendiglernen von Positionen, solange sie nicht fähig sind, theologische Richtungen auf ihre biblischen Grundlagen und Selbstlegitimationen hin zu befragen, Bevorzugungen von bestimmten Texten in bestimmten Richtungen zu erkennen und von anderen Texten her Rückfragen zu stellen oder sogar eigene Modelle zu entwickeln. Wie kann die Homiletik Wege vom Text zur Predigt lehren, wenn das Wissen um den Text mit größten Unsicherheiten verbunden ist? Bibelkundliche Kompetenz als evangelische Selbstverständlichkeit ist im deutschsprachigen Europa nicht mehr selbstverständlich und zwar weder im Theologiestudium noch im Leben der Kirchgemeinden. Die vorliegende Bibelkunde will und muss deshalb das „nicht mehr selbstverständliche Selbstverständliche" darstellen und zeigen, wie das vielleicht in früheren Generationen nie notwendig war. Sie tut dies, indem sie immer Anweisung für das Lesen der neutestamentlichen Texte sein will und zugleich Hilfe bietet, das Gelesene zu verarbeiten, auswendig zu lernen und exegetisch fruchtbar werden zu lassen. Sie will und kann von ihrem Konzept und ihrer Kürze her aber nie Ersatz für das Lesen der neutestamentlichen Bücher sein.

Bibelkunde ist nur eine von vielen theologischen Disziplinen, doch wer hier nicht kompetent ist, wird nie ein kompetenter evangelischer Theologe oder eine kompetente evangelische Theologin. Eigentlich müsste das erste Jahr des Theologiestudiums grundsätzlich umgestaltet werden. Die ganze Lern- und Schaffenskraft der Studierenden sollte dort auf dem Erlernen der biblischen Sprachen und auf dem Erarbeiten und Erlernen bibelkundlicher Kompetenzen liegen. Dann genügte diese Bibelkunde allerdings nicht mehr, sondern könnte Modell dafür sein, wie eine von Studierenden oder auch von Gruppen von Studierenden ausgearbeitete Bibelkunde aussehen könnte.

An dieser Stelle möchte ich Herrn Lektor J. Schneider vom Kohlhammer Verlag danken, der sich dafür einsetzte, dass diese Bibelkunde in diesem besonderen, von der Sache her geforderten Format gedruckt und verlegt werden konnte. Viele Studentinnen und Studenten in Basel und in Bochum haben mich ermutigt, diese Strukturtabellen herauszugeben, da sie damit erfolgreich Bibelkunde gelernt haben. Mein Dank gilt den vielen, die an bibelkundlichen Übungen aktiv mitgearbeitet haben und diese Arbeit mit ihrer Kritik und ihren Beobachtungen zu Struktur und Inhalt ergänzten. Herrn Jens Maschmeier und Frau Simone Grabski danke ich für das sorgfältige Korrekturlesen. Besonders danke ich Rev. Dr. Earl Morey, der mir in einem Kurs während meiner Studienzeit die Augen für die Strukturen der neutestamentlichen Schriften öffnete und mir einfache, aber effiziente Methoden zeigte, um mit einer eigenen Bibelkunde zu beginnen. Diese Bibelkunde ist Frucht der Arbeit, die dort ihren Anstoß erhielt.

Alles Lernen und Arbeiten mit dieser Bibelkunde sei unter folgende Worte gestellt:

Ps 1:1 Wohl dem Mann, der nicht wandelt im Rat der Gottlosen noch tritt auf den Weg der Sünder noch sitzt, wo die Spötter sitzen, 2 sondern hat Lust am Gesetz des Herrn und sinnt über seinem Gesetz Tag und Nacht! 3 Der ist wie ein Baum, gepflanzt an den Wasserbächen, der seine Frucht bringt zu seiner Zeit, und seine Blätter verwelken nicht. Und was er macht, das gerät wohl.

Lk 2:19 Maria aber behielt alle diese Worte und bewegte sie in ihrem Herzen.

Inhaltsverzeichnis

Einleitung

Überblick

Diese Bibelkunde basiert auf einem innovativen Konzept, das darauf abzielt, den Inhalt jedes neutestamentlichen Buches mit Hilfe von Strukturtabellen darzustellen und so die bibeltextliche Strukturierung, die Argumentationslinien und die Hauptthemen der neutestamentlichen Verfasser sichtbar werden zu lassen.

Die tabellarische Darstellung bietet den Studierenden - auch Selbstlernenden - ein Merksystem, mit dem sich auch die durch die eigene Lektüre erworbenen Kenntnisse einordnen und einprägen lassen.

Auf zeitraubende "Nacherzählungen" des Inhalts kann somit verzichtet werden. Den Tabellen folgen in knapper Form weitere Ausführungen, die für bibelkundliches Wissen unentbehrlich sind.

Diejenigen, die schon Bibelkunde gelehrt haben, kennen das Problem, dass Studierende oft versuchen, Bibelkunde aus der Fachliteratur zu lernen. Bibelkundliche Kompetenz kann aber nur durch die fortgesetzte Lektüre der Bibel selber erworben werden. Allerdings wurde ein solches Verhalten seitens der Studierenden durch diverse Bibelkunden gefördert, die nebst groben, inhaltlichen Gliederungsvorschlägen eigentliche Nacherzählungen von biblischen Büchern boten. Wer sich nur so bibelkundliches Wissen erworben hat, gelangt kaum zu einem kompetenten Umgang mit der Schrift. Das gilt gleichermaßen für die Exegese und die systematischen Fächer wie auch für die berufliche Praxis. Zugleich geht der Großteil des Wissens von so auswendig gelernten „Nacherzählungen" schon kurz nach den Prüfungen wieder verloren, weil das Gelernte nicht in ein selbsterarbeitetes System von Wissen produktiv integriert werden kann. So ist das Konzept vieler bisheriger Bibelkunden gerade nicht dafür geeignet, die beiden großen bibelkundlichen Ziele zu erreichen, nämlich erstens der Inhalt des Bibeltextes primär durch die Lektüre des Textes selber gelernt wird und dass zweitens das Lernen in mnemotechnischer Hinsicht erleichtert wird. Deshalb verzichtet die vorliegende Bibelkunde bewusst auf jegliches Nacherzählen des Inhalts. Diejenigen, die das Neue Testament mit der Hilfe dieser Bibelkunde lesen und lernen wollen, werden zuerst und vor allem durch die Strukturtabellen bei der Bibellektüre unterstützt. Die Strukturtabellen helfen dem Bibelleser, sich bei jeder beliebigen Perikope eines neutestamentlichen Buches sofort zu orientieren, in welchem thematischen Zusammenhang diese Stelle steht und welche Argumentationsziele der Autor hier verfolgt. Zugleich bieten diese Strukturdarstellungen ein „Lerngerüst", das leicht auswendig gelernt werden kann und in das sich weiteres Wissen leicht integrieren lässt.

Strukturtabellen stellen Textstruktur, Argumentationslinien und Hauptthemen räumlich dar. Schon die antike Mnemotechnik wusste darum, dass sich am leichtesten räumliche Vorstellungen merken lassen. Schüler der Rhetorik lernten, Reden in räumliche Vorstellungen umzusetzen, um sie auswendig zu lernen. Deshalb kommen graphische Darstellungen den Lernenden besonders entgegen.

Diese Strukturdiagramme bieten auf meistens nur einer Seite sehr viel Informationen, die mit einem Blick überschaut werden können. Deshalb sind sie nicht nur für Bibelkunde und Auswendiglernen sehr geeignet, sondern auch später als Hilfsmittel für Exegese und Predigt, da jede Perikope letztlich im Gesamtzusammenhang des ganzen Buches ausgelegt werden muss. In der Praxis fehlt aber meistens die Zeit zur Klärung der Stellung und Funktion einer bestimmten Perikope innerhalb eines Briefes oder eines Evangeliums. Hier werden die Strukturdarstellungen dieser Bibelkunde zum exegetischen Hilfsmittel, anhand derer der Exeget die auszulegende Perikope sofort im textlichen Zusammenhang verorten kann. Eigene exegetische Beobachtungen lassen sich von Hand in den Tabellen eintragen, so dass später leicht auf sie zurückgegriffen werden kann.

Zur Strukturierung von Texten

Form und Inhalt müssen sich entsprechen. Dieser Anspruch galt seit der Antike bis weit ins 18. Jahrhundert hinein als Selbstverständlichkeit. Das Ideal der Entsprechung von Form und Inhalt war so selbstverständlich, dass es meistens axiomatisch vorausgesetzt wurde. Weder der Anspruch noch dessen Einlösung in einem konkreten Werk musste aufgrund dieses Konsenses explizit erwähnt werden. Dies galt nicht nur für Architektur, Städtebau, bildende Kunst und Musik, sondern auch für literarische Erzeugnisse. Meistens waren die Formen sogar sehr streng vorgegeben, so dass Kreativität und künstlerische Freiheit ihren Ausdruck vor allem durch den produktiven Umgang mit den vorgegebenen Formgesetzen fand. Inhalte mussten sich vorgegebenen Formen beugen und Formen neuen Inhalten anpassen. Die Evangelien z. B. haben viele formale Elemente antiker Biographien übernommen, lassen sich aber formal doch nicht ganz in diese Gattung einordnen. Da inhaltlich mit dem Evangelium Jesu Christi etwas Neues gesagt wurde, wurde in formaler Entsprechung dazu als neue Form die Gattung Evangelium geschaffen.

Die Gattung Evangelium lässt sich so nicht nur inhaltlich, sondern auch formal bestimmen. Ein Evangelium ist eine Darstellung des öffentlichen Wirkens Jesu, insbesondere seiner Passion. Eine Einleitung und Zeugenberichte über die Auferstehung bilden erste und letzte Elemente dieser Form. Die synoptischen Evangelien weisen nicht nur inhaltlich viele Ähnlichkeiten auf, sondern auch strukturell. Deshalb ist hier vor dem Matthäusevangelium eine Strukturtabelle zur synoptischen Evangelienstruktur eingeschoben.

Ein antiker Brief war formalen Gesetzmäßigkeiten unterworfen, an die sich auch Paulus halten musste, obwohl er mit ihnen äußerst kreativ umging. Deshalb wird vor dem Römerbrief die formale Struktur eines antiken Briefes dargestellt.

Briefe, Reden und Erzählungen folgen formalen Gesetzmäßigkeiten, deren Erforschung sich durch epistolographische, rhetorische und narrative Analysen zu einer wissenschaftlichen Methode entwickelt hat. Die Aufschlüsselung solcher Formen und Strukturen erschließt nicht nur die literarische Gestalt einer Schrift, sondern aufgrund der Entsprechung von Form und Inhalt auch das Hauptthema, die Unterthemen, den Gang einer Erzählung und die Argumentationslinien. Die Textgliederung „ist eine sich der Perfektion mindestens schon annähernde Argumentationsanalyse" (Bachmann, M., Sünder oder Übertreter, Studien zur Argumentation in Gal 2,15ff. , Tübingen 1992, 103).

Die Strukturtabellen bieten deshalb nicht nur eine einfache Hilfestellung für das Lernen des im Neuen Testament gelesenen Inhalts, sondern haben implizit einen viel höheren, exegetischen Anspruch. Keine Gliederungsdarstellung erfolgt primär mit der Absicht, eine Hilfsgliederung zwecks bibelkundlichen Lernens zu bieten, sondern soll die vom Autor eines neutestamentlichen Buches zugrunde gelegte Gliederung darstellen. Deshalb wird mit jeder Tabelle auch der Anspruch erhoben, Wesentliches zum Inhalt, zu Themen, zu Argumentationslinien und zur Erzählabsicht eines neutestamentlichen Buches auszusagen. Herausfordernd formuliert: Wer die Struktur hat, hat auch die Botschaft - wenigstens in groben Zügen. So bietet diese Bibelkunde z. B. denjenigen eine schnelle Hilfestellung, die einen ganzen Brief in seinem Zusammenhang auslegen wollen.

Die vorliegenden Strukturtabellen sind die Frucht jahrelanger exegetischer Forschung und wurden in vielen bibelkundlichen Veranstaltungen erprobt und weiterbearbeitet. Gerade weil die Erforschung der literarischen Struktur der Texte so zentral für die Exegese ist, wird aber keineswegs der Anspruch erhoben, dass die Strukturtabellen einen Schlusspunkt der Diskussion bilden sollen. Allerdings sollen sie Studierende und Lernende sehr schnell befähigen, an exegetischen Debatten um Strukturen teilzunehmen. Weiter unten wird ausführlich dargestellt, wie man selber solche Strukturtabellen erstellen kann. Wer selber anfängt, in die Debatte um die richtigen Textstrukturen einzugreifen, der hat sich Bibelkunde ganz angeeignet.

Zur Darstellung

Der Übersichtlichkeit halber und um möglichst einfaches Lernen zu ermöglichen, wurden die Ausführungen zu jedem neutestamentlichen Buch nach demselben Schema gestaltet. Zuerst wird der Inhalt des Buches jeweils mit einer Strukturtabelle dargestellt. In der Spalte ganz rechts stehen die *Hauptteile*, die die Abfolge der Hauptthemen anzeigen. In der Mitte oder links werden die die Hauptthemen in mehrere thematische *Einheiten* aufgegliedert, ganz links finden sich meistens die einzelnen *Perikopen*, die jeweils die größeren thematischen Einheiten bilden. Um eine Übersicht über den gesamten Text zu ermöglichen, werden in einigen Fällen in einer ersten Strukturtabelle nur die Hauptteile und thematischen Einheiten aufgeführt, bevor diese auf den folgenden Seiten um die Ebene der Perikopen ergänzt werden (vgl. Röm). Es gibt kleinere Briefe, bei denen die Perikopen die einzigen Textgliederungselemente sind. Dort kann in der rechten Spalte deren Thema angeben werden, um dem Bibelleser anzuzeigen, in welchen weiteren Perikopen diese Themen wiederholt aufgenommen werden (z. B. 1 Petr; 1 Joh) oder wie diese Perikopenthemen eine konzentrische (vgl. Hebr) oder chiastische Struktur (z. B. Tit; Phlm) bilden.

Den Tabellen folgen je weitere Ausführungen, die für bibelkundliches Wissen unentbehrlich sind. Diese Ausführungen sind möglichst knapp gehalten und sind soweit wie möglich immer in dieselben Themen aufgeteilt: *Thema*; *Inneres Zeugnis über den historischen Ort*; *Eigenschaften*; *Struktur*; *Anmerkungen zur Theologie und Ethik*. Unter *Thema* wird das Grundthema der neutestamentlichen Schrift angegeben. Beim Abschnitt *Inneres Zeugnis über den historischen Ort* werden die textinternen Angaben zu Verfasser, Adressaten, Situation des Autors und Situation der Empfänger aufgeführt. Unter *Struktur* wird der Hauptinhalt des Strukturdiagramms mit Worten erklärt. *Struktur* wird bei den Briefen meistens mit *Argumentation* ergänzt, da dort Struktur und rhetorischer Argumentationsgang besonders eng miteinander verbunden sind. Bei den Paulusbriefen wird das *Indikativ-Imperativ Schema* jeweils besonders erwähnt, da es sich dabei um ein Grundelement der paulinischen Argumentationsstruktur handelt. Ebenfalls werden *innerneutestamentliche Bezüge zu den Adressatengemeinden* des Paulus angegeben, um den Lernenden zu helfen, ihr Wissen um diese Gemeinden innerneutestamentlich zu mehren und zu vernetzen.

Die *Anmerkungen zur Theologie und Ethik* benennen kurz besondere theologische Aspekte und ethische Themen des jeweiligen Briefes. Die loci communes stehen hier als für diese Kürze geeignetes Gliederungsschema im Hintergrund. Dieser Abschnitt erhebt keineswegs den Anspruch, die ganze Theologie oder Ethik der jeweiligen Schrift zu skizzieren, sondern er soll gewissermaßen den theologisch-ethischen Brückenkopf innerhalb der Bibelkunde markieren, von dem aus ein Weg zur Theologie und Ethik eingeschlagen werden kann.

Die *Anmerkungen zu den Einleitungsfragen* stellen ein besonderes Problem einer wissenschaftlichen Bibelkunde dar. Eine Bibelkunde fördert die Kompetenz der Textwahrnehmung, des Erkennens von Textzusammenhängen, des Erfassens von Textinhalten und deren Einprägung. Einleitungsfragen gehören hingegen zu einer meta-textlichen Disziplin, d. h. sie sind der Textwahrnehmung nachgeordnet. Sie fördern nicht die Textwahrnehmung, sondern die Verortung von Texten in historischen Zusammenhängen. Dennoch wurden diese beiden Gattungen in manchen Bibelkunden unkritisch vermischt. Ein besonderes Problem der Bibelkunde heute ist, dass viele Studierende versuchen, Bibelkunde über Einleitungsfragen zu lernen, obwohl dieser Zugang denkbar ungeeignet ist und sich sogar kontraproduktiv auf die Textwahrnehmung auswirken kann. Die meisten Einleitungsfragen konnten bis jetzt nur hypothetisch beantwortet werden. Viele vermeintliche Konsense auf diesem Gebiet wurden in den letzten Dekaden wieder in Frage gestellt. Wer z. B. ein oder zwei Hypothesen zur Verfasserschaft der Pastoralbriefe gelernt hat, weiß dennoch kaum etwas über deren Inhalt, geschweige denn über deren Argumentationsgänge. Um dieser weitverbreiteten, wissenschaftlich problematischen Tendenz entgegenzusteuern, werden die Anmerkungen zu den Einleitungsfragen von den jeweiligen Schriften abgekoppelt und erst am Schluss dieser Bibelkunde in einem eigenen Kapitel gesammelt. Diese Anmerkungen sollen nur dazu dienen, ein erstes Problembewusstsein für Einleitungsfragen zu schaffen.

Zur Arbeit mit dieser Bibelkunde

Anleitung zum Lernen mit dieser Bibelkunde

Wer möglichst effizient Bibelkunde lernen möchte, sollte jeweils zuerst eine neutestamentliche Schrift lesen und gleichzeitig mit den Strukturtabellen ihre Struktur und thematische Abfolge mitverfolgen. Erst nach der sorgfältigen Lektüre des Bibeltextes beginnt das Lernen. Gelernt wird Bibelkunde am leichtesten, wenn man sich zuerst die Makrostruktur der gesamten Schrift (s. rechte Spalte der Strukturtabellen), die aus wenigen Gliedern besteht, einprägt und erst dann die feinere strukturelle Gliederung beachtet (s. mittlere und linke Spalten). Die graphischen Darstellungen sollten deshalb von rechts nach links gelernt werden. Lernende gehen in Bezug auf die Gliederung deduktiv vor, indem sie sich zuerst das Hauptthema merken, dann die Hauptteile, dann die thematischen Einheiten und am Schluss gegebenenfalls den Inhalt der Perikopen selber. So bildet sich im Gedächtnis ein Gerüst, in das immer mehr bibelkundliche Informationen eingeordnet werden können.

Beispiel: Wer sich erinnert, dass die Bergpredigt im Matthäusevangelium steht, weiß viel weniger, als jemand der verstanden hat, dass sechs Reden zur Grundstruktur des Mt gehören und dass die Bergpredigt die erste dieser Reden ist. Wer in einer Prüfungssituation an soviel denkt, hat gute Chancen, sich an weitere matthäische Reden zu erinnern, weil er weiß, in welcher Richtung er nachdenken muss.

Der Textteil nach den Strukturtabellen dient einerseits zu deren Erläuterung (vor allem die Abschnitte zu *Struktur* und *Argumentation*), andererseits empfiehlt es sich, ihn erst in einem zweiten Schritt zu lernen.

Voraussetzung für gelingendes Lernen ist immer, dass zuerst die jeweilige Schrift in einer genauen Übersetzung gelesen wird (z. B. sind Luther, Zürcher, Elberfelder empfehlenswert; „Gute Nachricht" und „Hoffnung für alle" sind dagegen zu ungenau). Die Strukturtabellen ermöglichen, eigene Beobachtungen am Bibeltext immer genau am richtigen Ort zu notieren.

Hinweise für Dozierende einer bibelkundlichen Veranstaltung

Leider kann heute bei Studierenden kein grundsätzliches Wissen über und Gefühl für die Entsprechung von Form und Inhalt vorausgesetzt werden. Deshalb empfiehlt es sich nicht, die neutestamentlichen Schriften der Reihe nach zu behandeln, sondern zuerst mit kleineren, thematisch durchstrukturierten Schriften zu beginnen. Besonders geeignet ist der Philemonbrief, da er hier als einziger mit dem ganzen Text wiedergegeben wird und besonders kunstvoll strukturiert ist. Weiter bewähren sich Gal, Eph und 1 Kor für den Einstieg, da sie sehr einfach gegliedert sind. Aus demselben Grund und wegen seiner Kürze empfiehlt es sich, Mk vor den anderen Evangelien zu besprechen.

Diese Bibelkunde ist grundsätzlich so konzipiert, dass sie als einziges Hilfsmittel für eine bibelkundliche Veranstaltung ausreicht. So sind die Dozierenden freier, ihre didaktische und methodische Kompetenz dafür zu verwenden, dass der Bibeltext von den Studierenden fortlaufend und wiederholt gelesen wird. Spielerische Prüfungen mit Fragen zu Inhalt und Aufbau einer neutestamentlichen Schrift sind dazu ein geeignetes Mittel unter vielen.

Jeweils ein Teilnehmer der bibelkundlichen Veranstaltung sollte je ein Buch besonders vorbereiten. Ihm könnten zwei Aufgaben gestellt werden. Einerseits sollte er die Struktur des Buches mit Hilfe dieser Bibelkunde erklären. So wird er dazu angehalten, sowohl den Bibeltext sehr genau zu lesen, als auch dessen Struktur und Argumentation zu verstehen. Andererseits sollte er „seine" neutestamentliche Schrift auf ein spezifisches, vom Dozierenden vorgegebenes Thema hin, das in dieser Bibelkunde nicht genügend Raum hat, untersuchen und die Ergebnisse in schriftlicher Form vorlegen. Dadurch wird der Blick auf den ganzen Text geschärft. Wenn zu jeder Schrift dasselbe Thema angegeben wird (z. B. „Verwendung und Bedeutung des AT´s" in dieser Schrift), kann am Ende der Veranstaltung für alle Teilnehmer eine schriftliche Ergänzung und Erweiterung dieser Bibelkunde vorliegen. Der Dozent kann so seine besonderen Interessen leichter einbringen.

Aufgrund des durch die Gattung Bibelkunde geforderten Verzichts auf Einleitungsfragen kann diese Bibelkunde für Einführungen in das Neue Testament mit anderen Fach- und Arbeitsbüchern komplementär ergänzt werden. Der Dozent kann also diese Bibelkunde als Baustein in sein Lehrkonzept integrieren. Darüber hinaus eröffnet die Kombination dieser Bibelkunde mit fachspezifischer und fachübergreifender Literatur die Möglichkeit, sie in verschiedenen theologischen Ausbildungsgängen (Pfarramts- oder Lehrerausbildung) zu verwenden. Von ihrem Konzept her ist sie auch für „akademisch" ausgerichtete Bibelschulen geeignet und kann dort ebenfalls mit entsprechender Literatur komplementiert werden.

Verwendung als exegetisches Organisationssystem

Die vorliegende Bibelkunde eignet sich aber auch als exegetisches Organisationssystem. Ihr Format erlaubt, mit ihr ein Ablagesystem für exegetische Erkenntnisse anzulegen. Alle Beobachtungen können so immer am richtigen Ort eingetragen werden. Hinter die gedruckten Strukturdiagramme können weitere Seiten für kleinere thematische Einheiten eingefügt werden. So könnte sogar für jede Perikope eine eigene Seite angelegt werden, auf der eigene Textbeobachtungen, exegetische Resultate und Hypothesen der Sekundärliteratur und gegebenenfalls auch Ideen für Predigten und Lehrveranstaltungen eingetragen werden können.

Anleitung zur Erarbeitung eigener Strukturtabellen

Diese Bibelkunde kann aber auch als Einstieg in eine eigene Bibelkunde verwendet werden. Wer versucht, selber Strukturtabellen zu biblischen Büchern zu erarbeiten, der lernt den Inhalt der Bibel besonders gut kennen. Deshalb soll hier kurz eine einfache Methode zur Untersuchung von Textstrukturen erklärt werden, die die Erarbeitung einer eigenen Bibelkunde ermöglicht. Diese Methode steht auch ursprünglich hinter allen hier vorgelegten Strukturtabellen. Für die wissenschaftliche Exegese kann diese Methode insofern hilfreich sein, als dass sie durch weitere Instrumente für strukturelle Analysen wie etwa durch rhetorische oder narrative Methoden leicht ergänzt und weiterentwickelt werden kann. Diejenigen, welche selber Struktur-

tabellen erstellen wollen, gehen gerade umgekehrt vor wie diejenigen, die Bibelkunde bloß lernen. Sie arbeiten von links nach rechts beziehungsweise induktiv.

Diese Methode besteht aus vier Arbeitsschritten beziehungsweise aus vier Lesegängen durch eine Schrift. Jeder Lesegang wird durch verschiedene Kriterien bestimmt. Die vier Arbeitsschritte sind:

1. Das jeweilige neutestamentliche Buch wird in einem Durchgang gelesen. Die Leitfrage ist: Was ist das Hauptthema dieser Schrift? Mit einem Bleistift werden Beobachtungen und Fragen am Textrand notiert. Alle Beobachtungen und Fragen zum Text sind wichtig und sollten notiert werden. In den weiteren Durchgängen können sie verifiziert oder falsifiziert, ergänzt oder weiterentwickelt werden. So können sich erste exegetische Arbeitshypothesen ergeben.

2. Beim zweiten Lesen des Buches sollten die einzelnen Perikopen bestimmt und jeder Perikope ein Titel mit Wörtern aus dem Text gegeben werden. Der ungeübte Leser sollte zuerst die Perikopeneinteilung einer Übersetzung übernehmen (z. B. Elberfelder).

Jede Perikope wird mit folgenden Fragen durchgelesen: Wer? Tut was? Gegenüber wem? Wann? Wo? Warum? Wie? Mit welchem Ergebnis? Das Ergebnis dieser Fragen (d. h. der Inhalt der Perikope) sollte dann mit einem kurzen Satz zusammengefasst werden.

Der Hauptgedanke wird nun als Gedächtnisstütze mit wenigen Wörtern aus dem Text aufgeschrieben. Aus mnemotechnischen Gründen sollten in der Regel dafür nicht mehr als vier Wörter gebraucht werden. Solche Titelwörter sollten charakteristisch und spezifisch für eine Perikope sein und leicht an deren Inhalt erinnern. Dieser Worttitel wird nun in einer linksseitigen Spalte neben den Versangaben eingetragen (s. Strukturtabellen). Eine solche Tabellenzelle stellt graphisch eine Perikope dar. Wenn man für jeden Vers einen bestimmten Abstand einfügt, sind später die Längen der einzelnen Perikopen graphisch sichtbar.

Der Anfang des Galaterbriefes könnte z. B. folgendermaßen dargestellt werden:

1,1-5	für unsere Sünden dahingegeben
1,6-10	kein anderes Evangelium
1,11-24	von Mutterleibe an berufen

1,1-5	für unsere Sünden dahinge-geben	Briefanfang: Kein anderes Evangelium
1,6-10	kein anderes Evangelium	
1,11-24	von Mutterleibe an berufen	Selbstbericht: Paulus ist ein anerkannter und bewährter, direkt von Gott berufener Apostel für das Evangelium

3. Beim dritten Lesegang wird geprüft, welche Perikopen thematisch miteinander zu größeren, perikopenübergreifenden Einheiten verbunden sind. Diese thematischen Einheiten werden nun mit einer weiteren Spalte rechts neben der ersten in das Diagramm eingefügt.

Bei längeren Schriften können diese thematischen Einheiten oft nochmals in größeren Hauptteilen zusammengefasst werden, die in einer weiteren Spalte rechts dargestellt werden (s. u. z. B. „Markusevangelium").

4. Bei einem vierten Lesegang soll die in ihre Struktur aufgegliederte Schrift im neu erkannten Zusammenhang gelesen werden.

Weitere Erkenntnisse können nun fortlaufend in der Tabelle eingetragen und in das Gesamtverständnis integriert werden.

In den Strukturtabellen wird beim Lukasevangelium und bei der Apostelgeschichte nur die Makrostruktur dargestellt. Als Einstiegsübung in diese Methode können bei der Apg die Perikopen mit Titeln in einer Tabellenspalte erarbeitet und mit der Makrostruktur verbunden werden. Beim Lukasevangelium muss zuerst die Perikopenspalte links erarbeitet werden und dann mit deren Hilfe die thematischen Einheiten gefunden und in einer mittleren Spalte eingetragen werden, um diese beiden Spalten mit der vorliegenden Makrostruktur zu verbinden. Diese soll in einer Spalte rechts dargestellt werden.

Anregungen für fortlaufende Textpredigten

Die Strukturtabellen können auch als Predigthilfen benutzt werden. Besonders für fortlaufende Textpredigten helfen sie, die Abfolge der Themen zu erkennen. So zeigt z. B. die Strukturtabelle zu Gal 1,11-2,21, dass dieser thematische Hauptteil des Gal in drei weitere Unterthemen aufgegliedert ist.

1,11-24	von Mutterleibe an berufen	Paulus hat das Evangelium nicht von Menschen empfangen	Selbstbericht: Paulus ist ein anerkannter und bewährter, direkt von Gott berufener Apostel für das Evangelium
2,1-10	nichts zusätzlich auferlegt	aber Menschen haben es bestätigt	
2,11-13	Kephas war verurteilt	und er hat sich in der Krise mit Menschen bewährt	
2,14-21	ich bin mit Christus gekreuzigt	Das Evangelium in Kurzform als Tischrede	

Eine Predigtreihe über diesen Hauptteil könnte auf drei Sonntage aufgeteilt werden und frei nach der rechten Spalte das Thema haben: der „Gläubige vor Gott" oder „über die Berufung des Christen/der Christin". Eine Predigt über die erste Perikope hätte dann das Thema „der Mensch allein vor Gott", die zweite das Thema „der Gläubige und seine Einbindung in die kirchliche Gemeinschaft" und die dritte Predigt könnte von „der Bewährung des Gläubigen im Konflikt" handeln.

Als weiteres Beispiel soll Mk 2,1-3,6 dienen. Diese fünf Perikopen werden in der Bibelkunde durch den Titel „5 Konflikte" zusammengehalten. So könnten über diese Perikopen fünf Predigten über den Umgang Jesu mit Konflikten gehalten werden. Mk 3,7-35 „Jesu Souveränität gegenüber dem Volk, den Jüngern, der Familie und den Schriftgelehrten" bietet eine Predigttext- und Themenvorlage, um über den Umgang mit Massendruck (s. Volksmenge), Freundschaftsdruck (s. Jünger), familiärem Druck und religiösem Druck zu predigen.

Allein für sich ungenügend, ist diese Bibelkunde zusammen mit dem Text des Neuen Testaments ein vielseitiges Arbeitsinstrument, dass nach dem bibelkundlichen Examen und auch im Pfarramt nicht zur Seite gelegt werden muss.

Grundstruktur der synoptischen Evangelien

Mt	Mk	Lk	Erzählung	Die zwei Hauptteile	Geographische Gliederung
1,1ff	1,1ff	1,1ff	Einleitung Auftreten Johannes des Täufers; Taufe Jesu Versuchung Jesu	1. Hauptteil: Durch seine Worte und Werke zeigt Jesus, dass er der Messias (Christus) ist.	Ostjordanland und Judäa
4,12ff	1,14ff	4,14ff	Jesus beruft Jünger und wirkt als Prophet, Wundertäter, vollmächtiger Heiler, Exorzist, Ausleger der Tora und Erzähler von Himmelreichs-gleichnissen.		Jesu Wirken in Galiläa, vor allem am See Genezareth
16,13-20	8,27-30	9,18-21	Das Petrusbekenntnis ist zentral und teilt die Evangelien in zwei Hauptteile	2. Hauptteil: Jesus lehrt, dass er als Christus leiden muss. Leiden, Tod und Überwindung des Todes vollziehen sich an seinem Leib.	
16,21-23	8,31-33	9,22	Erste und zweite Leidensankündigung, die Verklärung Jesu, Heilung eines besessenen Knaben, Rangstreit der Jünger		
19,1ff	10,1ff	9,51ff	Aufbruch nach Jerusalem inklusive dritte Leidensankündigung und weitere Lehrreden: Lasst die Kinder zu mir kommen, der reiche Jüngling, Blindenheilung (Bartimäus)		Unterwegs nach Jerusalem / Wirken in Judäa
K. 21-23	K. 11f	K. 19f	Einzug in Jerusalem, Streitgespräche am Tempel		Jesus in Jerusalem
K. 24f	K. 13	K. 21	Endzeitrede		
K. 26f	K. 14f	K. 22f	Passion: Todesbeschluss, Verrat des Judas, Einsetzung des Herrenmahles, Gethsemane, Gefangennahme Jesu, Jesus vor dem Hohen Rat, vor Pilatus, Jesus oder Barrabas?, Verurteilung Jesu, Kreuzigung, die beiden Schächer, der Tod Jesu, Zeugen unter dem Kreuz, Begräbnis		
28,1-8	16,1-8	24,1-12	Das leere Grab		

Das Evangelium nach Matthäus

Hauptteile (2. Ebene)		Hauptteile (1. Ebene)	
Sein Wirken in Wort(teilen) und Tat(teilen) (Zeichen und Reden)		Verborgenes und öffentliches Wirken	
1,1-4,16	Messianische Herkunft und Gottessohn	1,1-4,16	Verborgenes Wirken 1. Teil / Die Erwählung des Messias *(Jesus ist der von Israel erwartete Messias)*
4,17-4,25	Predigen, Nachfolge, Zeichen	4,17	„von da an" (ἀπὸ τότε)
5,1-7,29	Bergpredigt / 1. Rede an Jünger und Volk / 7,28*	4,17-16,20	Öffentliches Wirken 1. Teil: Die Offenbarung des Messias *(Die Jünger erkennen an den in diesem Teil berichteten Worten und Taten Jesu: Dieser ist der Messias. Vgl. Petrusbekenntnis 16,16: „Du bist der Messias" / Jesus wirkt vor allem in Galiläa)*
8,1-10,4	Zeichen und Konflikte		
10,5-42	Aussendung der Jünger / 2. Rede an Jünger / 11,1*		
11,1-12,50	Zeichen und Konflikte		
13,1-52	Himmelreichsgleichnisse / 3. Rede an Jünger und Volk / 13,53*		
13,53-16,20	Zeichen und Konflikte		
16,21-17,27	Zeichen und Nachfolge	16,21	„von da an" (ἀπὸ τότε)
18,1-35	Jüngerregel / 4. Rede an Jünger / 19,1*	16,21-26,15	Öffentliches Wirken 2. Teil: Der Messias ist Knecht und Herr *(Dieser Messias muss - anders als von den Jüngern erwartet - leiden / Jesus wendet sich nach Jerusalem hin)*
19,1-20,34	Zeichen und Nachfolge		
21,1-22,46	Konflikte am Tempel		
23,1-39	Weherede gegen die Schriftgelehrten / 5. Rede an Jünger und Volk		
24,1-25,46	Endzeitrede / 6. Rede an Jünger / 26,1*		
26,1-15	Salbung Jesu durch eine Frau und Jüngerverrat		
26,16-28,20	Abendmahl, Leiden, Tod, Auferstehung, Aussendung zur Mission	26,16	„von da an" (ἀπὸ τότε)
		26,16-28,20	Verborgenes Wirken: 2. Teil: Leiden, Tod, Auferstehung und Vollmacht des Messias *(Vollendung des Messias und Sendung seiner Jünger zu allen Völkern)*

Legende: * „und es geschah, als Jesus beendet hat ..." (Καὶ ἐγένετο ὅτε ἐτέλεσεν ὁ Ἰησοῦς); fünf Reden werden mit dieser Wendung beendet; nur die fünfte nicht; dennoch ist sie durch einen Themen-, Adressaten- und Ortswechsel von der unmittelbar folgenden sechsten Rede zu unterscheiden (vgl. 24,1).

Matthäusstruktur mit Perikopen

Verborgenes Wirken 1. Teil / Die Erwählung des Messias

(Jesus ist der von Israel erwartete Messias)

Perikopenworte		Perikopenthemen
1,1-17	Jesus, der Christus	Messianische Genealogie
1,18-25	Geburt Jesu Christi	Göttliche Zeugung des Messias
2,1-12	Christus und sein Stern	Die „heidnische" Verehrung des Messias
2,13-18	fliehe nach Ägypten	Die königliche Bedrohung des Messias
2,19-23	Nazareth	Der Messias ist ein Nazoräer/ Nasiräer
3,1-12	Wasser zur Buße	Johannes: Der messianische Wegbereiter
3,13-17	mein geliebter Sohn	Taufe und göttliche Beglaubigung des Messias
4,1-11	Der Versucher	Die Versuchung des Gottessohnes
4,12-16	Galiläa der Nationen	Licht in der Finsternis

Öffentliches Wirken 1. Teil / Die Offenbarung des Messias

(Die Jünger erkennen an den in diesem Teil berichteten Worten und Taten Jesu: Dieser ist der Messias. Vgl. Petrusbekenntnis 16,16: „Du bist der Messias" / Jesus wirkt vor allem in Galiläa)

4,17-4,25: Predigen, Nachfolge (N), Zeichen (Z)

4,17	Tut Buße	Predigtbeginn	
4,18-22	Petrus, Andreas, Jakobus, Johannes	Die Berufung der ersten Nachfolger	N
4,23-25	Jesus heilte jede Krankheit	Predigen und Zeichen (Heilungen / Exorzismen)	Z

Die Bergpredigt (Mt 5-7) / 1. Rede an Jünger und Volk

Perikopenworte		*	Perikopenthemen
5,1-2	auf den Berg	A	Aufstieg, Beginn mit der Rede
5,3-12	Glückselig sind	B	Die 9 Seligpreisungen *(Grundsatzformulierungen mit Verheißung)*
5,13-16	Salz / Licht	C	Salz und Licht bleiben durch Tun des göttlichen Willens
5,17-20	Gesetz nicht auflösen, erfüllen	D	Das Gesetz und die Propheten erfüllen / Einlassbedingung ins Himmelreich
5,21-26	nicht töten	1	Die 6 Antithesen: Auslegung einzelner Gebote
5,27-30	nicht ehebrechen		*(Dienst gegenüber dem Mitmenschen)*
5,31-32	Frau entlassen		
5,33-37	nicht falsch schwören		
5,38-42	Auge um Auge		
5,43-48	deinen Nächsten lieben		
6,1-4	Almosen	2	Falscher und richtiger Gebrauch gottesdienstlicher
6,5-6	wenn du betest		Tätigkeiten (Almosen, Beten, Fasten)
6,7-15	Unser Vater (Zentrum)		*(Falscher und richtiger Gottesdienst)*
6,16-18	wenn du fastest		
6,19-34	nicht zwei Herren dienen	3	Entweder für oder gegen Gott leben
7,1-11	richtet nicht; bittet		*(Gottes- oder Götzendienst)*
7,12 -14	was ihr wollt	D'	Das ist das Gesetz und die Propheten / Einlassbedingung ins Himmelreich
7,15-23	reißende Wölfe	C'	Schaf bleiben durch Tun des göttlichen Willens
7,24-27	auf den Felsen bauen	B'	Felsen oder Sand *(Grundsatzformulierung mit Verheißung)*
7,28-8,1	Volk entsetzte sich	A'	Ende der Rede und Abstieg vom Berg

Legende zu *: Eine vierfache, chiastische Themenanordnung rahmt die drei Hauptteile der Bergpredigt ein. Im zweiten Hauptteil steht das "Unser Vater" als Zentrum der Bergpredigt.

8,1-10,4: Zeichen (Z) und Konflikte (K) (und Nachfolge = N)

8,1-4	Ich will, sei rein	Heilung eines Aussätzigen	Z
8,5-13	sprich nur ein Wort	Hauptmann von Kapernaum	Z
8,14-17	das Fieber verließ sie	Schwiegermutter des Petrus	Z
8,18-22	die Füchse haben Gruben	Vom Ernst der Nachfolge	N
8,23-27	Er bedrohte den Wind	Die Stillung des Sturms	Z
8,28-34	sie fuhren in die Säue	Die Heilung der zwei besessenen Gadarener	Z
9,1-8	deine Sünden sind dir vergeben	Die Heilung eines Gelähmten	Z+K
9,9-13	viele Zöllner und Sünder	Berufung des **Matthäus**	N+K
9,14-17	deine Jünger fasten nicht	Die Frage nach dem Fasten	N+K
9,18-26	das Mädchen ist nicht tot	Die Heilung der blutflüssigen Frau und die Auferweckung der Tochter des Jairus	Z
9,27-31	Sohn Davids, erbarme dich unser!	Die Heilung zweier Blinder	Z
9,32-34	stumm und besessen	Heilung eines Stummen	Z+K
9,35-38	der Arbeiter sind wenige	Die große Ernte	N
10,1-4	seine zwölf Jünger	Die Berufung der Zwölf	N

Aussendung der Jünger / 2. Rede an Jünger

10,5-42	wie Schafe unter Wölfe	Aussendung zum Haus Israel

Diese Rede kann weiter unterteilt werden.

11,1-12,50 Zeichen und Konflikte

11,1-6	Blinde sehen und Lahme gehen	Die Anfrage des Täufers	Z
11,7-19	er ist Elia	Jesu Zeugnis über den Täufer	(N)
11,20-24	Wehe dir, Chorazin!	Weherufe über galiläische Städte	K
11,25-30	kommet her zu mir, alle	Lobpreis und Heilandsruf	N
12,1-8	seine Jünger waren hungrig	Ährenraufen am Sabbat	K
12,9-14	verdorrte Hand	Heilung am Sabbat	Z+K
12,15-21	geknicktes Rohr, glimmender Docht	Heiland für die Völker	Z
12,22-37	„Beelzebub"	Lästerung des Geistes	K
12,38-42	gleichwie Jona	Zeichen des Jona	K
12,43-45	sieben andere Geister	Drohung gegen dieses Geschlecht	K
12,46-50	Bruder, Schwester, Mutter	Die wahren Verwandten Jesu	N

13,1-52 Himmelreichsgleichnisse / 3. Rede an Jünger und Volk

13,1-9	Der Sämann säte	1. Gleichnis: Vom Sämann
13,10-17	Warum in Gleichnissen?	Vom Sinn der Gleichnisse
13,18-23	Weg, Steinige, Dornen, Erde	Deutung des 1. Gleichnisses
13,24-30	sein Feind säte Unkraut	2. Gleichnis: Vom Unkraut unter dem Weizen
13,31-32	Senfkorn	3. Gleichnis: Vom Senfkorn
13,33	Sauerteig	4. Gleichnis: Vom Sauerteig
13,34-35	Er redete nicht ohne Gleichnis	Vom Sinn der Gleichnisse
13,36-43	Der Acker ist die Welt	Deutung des 2. Gleichnisses
13,44	Schatz im Acker	5. Gleichnis: Vom Schatz im Acker
13,45-46	eine sehr kostbare Perle	6. Gleichnis: Von der kostbaren Perle
13,47-50	Netz	7. Gleichnis: Vom Fischnetz
13,51-52	Neues und Altes aus seinem Schatz	Vom Sinn der Gleichnisse

Übung: Ergänze die folgenden Tabellen! Bestimme die Perikopenthemen und die Z(eichen), N(achfolgethmen, oder K(onflikte) und trage sie in die Tabelle ein!

Tipp: Erstellung einer Feinstruktur; d. h. zu jeder einzelnen Perikope kann ein eigenes Blatt verwendet werden, um alle eigenen Beobachtungen, exegetische Resultate aus der Sekundärliteratur und gegebenenfalls auch Ideen für Predigten und Lehrveranstaltungen aufzuschreiben.

13,53-16,20 Zeichen und Konflikte

13,53-58	Prophet in seiner Vaterstadt	Predigt in Nazareth	
14,1-13	das Haupt Johannes'	Der Tod des Johannes des Täufers	
14,14-21	Fünf Brote, zwei Fische	Speisung der Fünftausend	
14,22-33	Petrus ging auf dem Wasser	Jesus wandelt auf dem See	
14,34-36	die Quaste seines Kleides	Krankenheilungen am Westufer	
15,1-21	Gottes Gebot aufgehoben um eurer Satzungen willen	Rein und unrein	
15,22-28	von den Krummen ihrer Herren	Die kanaanäische Frau	
15,29-31	Gelähmte gehen, Blinde sehen	Heilung vieler Kranken	
15,29-39	Viertausend Männer	Speisung der Viertausend	
16,1-4	das Zeichen des Jona	Das Zeichen des Jona	
16,5-12	Sauerteig der Pharisäer	Hütet euch vor dem Sauerteig der Pharisäer	
16,13-20	Du bist der Christus	Petrusbekenntnis	

Öffentliches Wirken 2. Teil: Der Messias als Knecht und Herr

(Dieser Messias muss - anders als von den Jüngern erwartet - leiden / Jesus wendet sich nach Jerusalem hin)

16,21-17,27 Zeichen und Nachfolge

16,21-23	Geh hinter mich, Satan	Erste Leidensankündigung	
16,24-28	wenn jemand sein Leben verliert	Wenn mir einer nachfolgen will …	
17,1-9	er wurde verklärt	Verklärung Jesu	
17,10-13	Elia ist schon gekommen	Von der Wiederkunft des Elia	
17,14-21	mondsüchtig (vgl. Senfkorn)	Heilung eines besessenen Knaben	
17,22-23	in der Menschen Hände	Zweite Leidensankündigung	

17,24-27	Tempelgroschen	Tempelsteuer	

18,1-35 Jüngerregel / 4. Rede an Jünger

18,1-5	Wer ist der Größte?	Rangstreit der Jünger
18,6-11	Mühlstein an seinen Hals	Warnung vor Ärgernis
18,12-14	neunundneunzig Schafe	Gleichnis vom verlorenen Schaf
18,15-18	überführe ihn allein	Gemeindezucht
18,19-20	zwei von euch	Wo zwei oder drei versammelt sind
18,21-22	siebzigmal sieben	Vom Vergeben
18,23-35	zehntausend Talente	Gleichnis vom Schalksknecht

19,1-20,34 Zeichen und Nachfolge

19,1-9	ein Fleisch	Von Ehescheidung	
19,10-12	Verschnittene	Von Ehe und Ehelosigkeit	
19,13-15	Lasst die Kinder zu mir kommen	Lasst die Kinder zu mir kommen	
19,16-22	Willst du vollkommen sein	Der reiche Jüngling	
19,23-26	Kamel durch Nadelöhr	Von der Gefahr des Reichtums	
19,27-30	hundertfach empfangen	Vom Lohn der Nachfolge	
20,1-16	einen Denar	Gleichnis von den Arbeitern im Weinberg	
20,17-19	geißeln und kreuzigen	Dritte Leidensankündigung	
20,20-28	zu deiner Rechten sitzen	Die Zebedaiden, von der Rangordnung unter den Jüngern	
20,29-34	zwei Blinde	Blindenheilung	

21,1-22,46 Konflikte am Tempel

21,1-11	der Herr braucht sie	Der Einzug in Jerusalem	
21,12-17	Räuberhöhle	Tempelreinigung	
21,18-22	nichts als Blätter	Verfluchung des Feigenbaums	
21,23-27	In welcher Vollmacht?	Frage (von Hohepriestern und Ältesten) nach der Vollmacht	

21,28-32	zwei Söhne	Gleichnis von den beiden Söhnen	
21,33-46	den Weinberg an andere verpachten	Gleichnis von den Weingärtnern	
22,1-14	kommt zur Hochzeit	Gleichnis vom großen Festmahl	
22,15-22	Wessen Bild?	Frage (von Pharisäern und Herodianern) nach der kaiserlichen Steuer	
22,23-33	Gott der Lebenden	Frage (von Sadduzäern) nach der Auferstehung der Toten	
22,34-40	das größte Gebot	Frage (von pharisäischem Schriftgelehrten) nach dem wichtigsten Gebot	
22,41-46	David nennt ihn Herr	Davids Sohn?	

23,1-39 Weherede gegen die Schriftgelehrten / 5. Rede an Jünger und Volk

23,1-12	Rabbi, Vater, Meister (was sie sagen, tut)	Rede gegen die Pharisäer und Schriftgelehrten
23,13-36	Wehe (7x)	
23,37-39	wie eine Henne ihre Küken	Wehklage über Jerusalem

24,1-25,46 Endzeitrede / 6. Rede an Jünger

24,1-2	nicht ein Stein	Ankündigung der Zerstörung des Tempels
24,3-8	was ist das Zeichen?	Wann wird dies alles geschehen?
24,9-14	ihr werdet gehasst werden	Ankündigung von Verfolgungen
24,15-28	Greuel der Verwüstung	Das Gericht über Judäa
24,29-31	Sohn des Menschen	Die Wiederkunft des Menschensohnes
24,32-34	nahe an der Tür	Der Zeitpunkt des Gerichts über Judäa
24,35-44	Wacht (Von dem Tage aber...)	Aufruf zur Wachsamkeit
24,45-51	der treue und kluge Knecht	Gleichnis vom guten und vom bösen Knecht
25,1-13	zehn Jungfrauen	Gleichnis von den zehn Jungfrauen
25,14-30	fünf Talente	Gleichnis von den anvertrauten Pfunden
25,31-46	die Schafe von den Böcken	Gleichnis vom Weltgericht

26,1-15 Salbung Jesu durch eine Frau und Jüngerverrat

26,1-2	überliefert, um gekreuzigt zu werden	Der Tod Jesu wird beschlossen	
26,3-5	Nicht an dem Fest		
26,6-13	kostbares Salböl	Salbung in Bethanien	
26,14-15	dreißig Silberlinge	Der Verrat des Judas	

Verborgenes Wirken 2. Teil: Leiden, Tod, Auferstehung und Vollmacht des Messias

(Vollendung des Messias und Sendung seiner Jünger zu allen Völkern)

26,16-28,20 Abendmahl, Leiden, Tod, Auferstehung, Aussendung zur Mission

26,16	Gelegenheit, ihn zu überliefern	Judas sucht eine Gelegenheit, Jesus zu überliefern
26,17-19	das Passah	Zurüstung zum Paschamahl
26,20-25	doch nicht ich	Die Bezeichnung des Verräters
26,26-29	dies ist mein Leib	Die Einsetzung des Herrenmahls
26,30-35	Ihr werdet euch ärgern	Ankündigung der Verleugnung des Petrus
26,36-46	Nicht, wie ich will	Gethsemane
26,47-56	Judas küsste ihn	Gefangennahme Jesu
26,57-68	Hohepriester zerriss seine Kleider	Jesus vor dem Hohen Rat
26,69-75	Petrus leugnete	Verleugnung des Petrus
27,1-2	sie überlieferten ihn Pilatus	Übergabe an Pilatus
27,3-10	Blutacker	Das Ende des Judas
27,11-14	der König der Juden	Jesus Verhör vor Pilatus
27,15-26	Barabbas (Traum, Händewaschen)	Jesus oder Barabbas?
27,27-31	Eine Krone aus Dornen	Die Verspottung Jesu
27,32-38	Simon von Kyrene (zwei Räuber)	Die Kreuzigung
27,39-44	lästerten, spotteten, schmähten	Der Gekreuzigte wird gelästert
27,45-56	Eli, Eli (Vorhang, Grüfte)	Der Tod Jesu
27,57-61	Joseph von Arimathia	Das Begräbnis Jesu

27,62-66	eine Wache	Die Wächter am Grabe
28,1-10	Wächter wurden wie Tote	Das leere Grab
28,11-15	gaben den Soldaten viel Geld	Der Betrug der Hohenpriester
28,16-20	Mir ist gegeben alle Macht	Der Missionsbefehl

Thema: Jesus ist der Christus in Erfüllung aller messianischen Verheißungen der Heiligen Schriften, denn er lehrt (sechs Reden), handelt (Zeichen) und beauftragt Menschen (Aussendung der Jünger Mt 10; Missionsbefehl Mt 28) in messianischer Vollmacht. Durch Kreuz und Auferstehung bringt er seinem Volk und den Völkern Rettung und gründet eine neue messianische Gemeinschaft (Ekklesia).

Inneres Zeugnis über den historischen Ort: Der Verfasser/Absender/Schreiber wird im Text nicht genannt. Der Zöllner Levi (Mk 2,14; Lk 5,27) wird nur hier Matthäus genannt (Mt 9,9). Auch der Ort des Verfassers und/oder der Adressaten wird nicht angegeben. Galiläa und die nördlich angrenzenden syrophönizischen Gebiete spielen auch theologisch eine wichtige Rolle (4,13-16 "Galiläa der Heiden"; 15,21ff "Brot vor die Hunde"). Intendierte Leser: Große Kenntnisse des AT's werden vorausgesetzt.

Eigenschaften: Nach Mt ist Jesus der Höhepunkt einer langen Erwählungsgeschichte: Mt beginnt mit einer Genealogie Jesu, die bei Abraham, der aus den Völkern ausgesondert worden ist, einsetzt, und er beendet sein Evangelium mit dem Erscheinen des Auferstandenen, der seine Jünger dazu aussendet, alle Völker in die Nachfolge zu rufen und ihnen durch Taufe und Lehre Jesu das Heil zu erschließen. In Mt wird das Alte Testament oft zitiert (beachte besonders die Erfüllungszitate: z. B. 1,22f; 2,15). Die Tora und die Auseinandersetzung mit ihren Weisungen nehmen viel Raum ein (z. B. Bergpredigt). Jesus Christus erfüllt mit seinem Reden und Wirken die Tora. Nur bei Mt stehen z. B. die Gleichnisse vom Unkraut im Acker (13,24-30; 36-43), vom Schatz im Acker, von der kostbaren Perle und vom Fischnetz (13,44-52) und die Geschichte von der Tempelsteuer im Fischmaul (17,24-27).

Neben den Begriffen „Christus" und „Menschensohn" ist vor allem der Titel „Gottessohn" wichtig. Jesus ist der aus dem Heiligen Geist gezeugte Sohn Gottes, was bei der Taufe (Mt 3,17) und der Verklärung von Gott bestätigt (Mt 17,5) und bei der Kreuzigung vom heidnischen Hauptmann anerkannt (Mt 27,54) wird. Der Titel „Christus" betont den Anspruch, die alttestamentlichen Messiaserwartungen zu erfüllen (1,16; 2,4ff). Jesus wird als Sohn Davids angesprochen (z. B. 21,15),

obwohl er mehr als das ist (22,45). Die Ambivalenz von ‚verheißenem Messias der Juden' und ‚Heiland der Heiden' zeigt sich bereits in den ersten beiden Kapiteln mit der jüdischen Genealogie auf der einen und der Anbetung durch heidnische Magier auf der anderen Seite. Sie zieht sich durch das ganze Mt hindurch und gipfelt in der Aussendung der jüdischen Jünger zur Völkermission (Mt 28,16-20).

Struktur: Zwischen dem Anfang (Mt 1-4,11: Schilderungen über Herkunft/Geburt/Taufe/Versuchung) und dem Schluss (Mt 26-28: Passionsgeschichte/Ostern/nachösterliche Ereignisse) wird über Jesu Wirken in der Öffentlichkeit berichtet: Er wirkt Zeichen (Heilungen und Exorzismen), ruft in die Nachfolge (Jüngerinnen und Jünger) und gerät in Konflikte (z. B. Auseinandersetzungen mit Schriftgelehrten). Dabei ist in der Abfolge der geographischen Schauplätze eine Steigerung auszumachen: Galiläa – Judäa und Ostjordanland – Jerusalem. Die Schilderungen des Wirkens Christi werden durch sechs große Reden (die fünfte Rede besteht eigentlich aus zwei Reden, durch Thema-, Adressaten- und Ortswechsel gekennzeichnet) unterbrochen und strukturiert. Diese Reden bilden den verkündenden und auslegenden Teil von Jesu Tätigkeit. Sie richten sich abwechselnd an die Jünger mitsamt dem Volk bzw. nur an die Jünger. Wenn bei Mk eher das Unverständnis der Jünger betont wird, dann bei Mt eher die Lernfähigkeit der Jünger.

Überdies lässt sich das ganze Mt in vier Teile des *verborgenen* und *öffentlichen Wirkens* Christi einteilen. Am Anfang (1-4,16) steht der erste Teil des *verborgenen* Wirkens: Geburt bis Versuchung. Dann beginnt der erste Teil des *öffentlichen* Wirkens: Schlüsselvers 4,17 „Von da an begann Jesus zu predigen und zu sagen: Tut Buße, denn das Reich der Himmel ist nahe gekommen". Dieser Teil gipfelt im Bekenntnis des Petrus (Mt 16,16b „Du bist der Christus, der Sohn des lebendigen Gottes") und in der Verheißung der Schlüsselgewalt für Petrus (anstelle der Pharisäer Mt 23,13). Mit 16,21 setzt der zweite Teil des *öffentlichen* Wirkens Jesu ein; der Vers ist durch die gleichen Worte eingeleitet wie 4,17 „Von da an begann Jesus seinen Jüngern zu zeigen, dass er nach Jerusalem hingehen müsse...". Dieser Teil beginnt mit der ersten Leidensankündigung und führt über Jerusalem in die Passionsereignisse hinein. Der vierte Teil beschreibt wie der erste Teil das *verborgene* Wirken Christi. Er beginnt ebenfalls mit den Worten „Und von da an ..." (26,16). Dieser Teil gipfelt in der Erfüllung der messianischen Verheißung (dem Christus ist alle Macht von Gott gegeben) sowie in der Zusage der ewigen Gegenwärtigkeit Christi bei allen Gläubigen (Mt 28,16-20).

Anmerkungen zur Theologie und Ethik: A *Christologie*: s. o. "Jesus im Mt". B *Glauben* bedeutet vor allem "Jesus und seinen Worten und seiner Vollmacht zu vertrauen". C *Heilsmittel*: Der Abendmahlskelch ist "mein Blut des Bundes ... zur Vergebung der Sünden" (26,26-28). Der Missionsauftrag enthält eine trinitarische Taufformel (Mt 28,19). D In der *Kirche* gibt es mit Vollmacht ausgestattete Verantwortungsträger (z. B. Petrus 16,18; Lehrer 5,19; 13,52), die oberste Gewalt aber ist der Ekklesia als egalitärer Gemeinschaft gegeben (s. sogenannte Gemeinderegel in K. 18). E *Von den letzten Dingen* ist ausführlich in den K. 24 und 25 die Rede (Tempelzerstörung, Weltende; Aufruf zur ethischen Wachsamkeit u. a. mit dem Gleichnis von den klugen und den törichten Jungfrauen). F *Nachfolge* wird als Lern/Lehrverhältnis akzentuiert. Die Jünger/Schüler Jesu lernen durch sein Vorbild und seine Worte und werden durch den Missionsbefehl zu Jüngern/Schülern, die nun selber andere durch Taufe und Lehre zu Jüngern/Schülern machen (Mt 28,19f). G *Ethik:* Die Gebote der Tora (Mt 5,19.21.27; 15,4; 23,23), die durch das Liebesgebot der Tora (22,36-40) auf Barmherzigkeit (5,7; 9,13) hin interpretiert werden, prägen die Ethik.

Das Evangelium nach Markus

Einheiten		Hauptteile
1,1-13	Das Evangelium des Christus (Auftakt zum 1. Teil)	1. Hauptteil: „gekommen, um zu dienen" (Mk 10,45)
1,14-45	Predigt und Wunder in göttlicher Vollmacht	Frage: Wer ist dieser Jesus?
2,1-3,6	5 Konflikte	
3,7-3,35	Jesu Souveränität gegenüber dem Volk, den Jüngern, der Familie und den Schriftgelehrten	
4,1-34	5 Gleichnisse	
4,35-5,43	4 große Taten	
6,1-32	Behinderung und Multiplikation des Dienstes Jesu	
6,33-7,23	W ahrer Hirte des Volkes und Konflikt mit falschen Hirten	
7,24-8,26	Auch Hirte der Völker, wieder Konflikt mit den falschen Hirten	
8,27-9,13	Der Christus muss leiden (Auftakt zum 2. Teil in chiastischer Parallele zu 1,1-13)	2. Hauptteil: „und sein Leben hinzugeben als Lösegeld" (Mk 10,45)
9,14-50	Der leidende Diener der Kleinen	Antwort: Jesus ist der Messias (Christus), aber – anders als erwartet – muss der Christus leiden.
10,1-52	Herr der Demütigen	
11,1-12,44	Jesus am Tempel	
13,1-37	Die Zerstörung des Tempels (T) und das Ende der Welt (W)	
14,1-15,47	Die Passion	
16,1-8	Die Auferstehung	
16,9-20	Die Folgen der Auferstehung	Nachtrag

Markusstruktur mit Perikopen

Perikopen		Einheiten	Hauptteile	Geograph. Gliederung
1,1	**Christus (Titel)**	Das Evangelium des Christus (Auftakt zum 1. Teil)	1. Hauptteil: „gekommen, um zu dienen" (Mk 10,45)	
1,2-8	A Erfüllung der Propheten und Johannes			
1,9-11	B Bestätigung durch den Vater (1,11)			
1,12-13	C Satanische Versuchung		Frage: Wer ist dieser Jesus?	
1,14-15	Beginn der Predigt Jesu	Predigt und Wunder in göttlicher Vollmacht		Jesu Wirken am See Genezareth in Galiläa
1,16-20	Die Berufung der ersten Jünger			
1,21-28	Exorzismus in der Synagoge von Kapernaum			
1,29-31	Heilung der Schwiegermutter von Petrus			
1,32-39	Predigt und Wundertätigkeit in Galiläa			
1,40-45	Die Heilung eines Aussätzigen			
2,1-12	Von der Macht, Sünden zu vergeben	5 Konflikte		
2,13-17	Die Berufung des Levi			
2,18-22	Die Frage nach dem Fasten			
2,23-28	Ährenraufen am Sabbat			
3,1-6	Heilung am Sabbat			
3,7-12	Jesus und die Volksmenge	Jesu Souveränität gegenüber dem Volk, den Jüngern, der Familie und den Schriftgelehrten		
3,13-19	Der Zwölferkreis nach seinem Willen			
3,20-21	Jesus und seine Familie (a)			
3,22-30	Der Beelzebulvorwurf			
3,31-35	Jesus und seine Familie (b)			
4,1-20	Vierfache Saat	5 Gleichnisse		
4,21-23	Lampe unter Scheffel			
4,24-25	Maß			
4,26-29	Selbstwachsende Saat			
4,30-34	Senfkorn			

4,35-41	Sturmstillung	4 große Taten		
5,1-20	Der besessene Gerasener			
5,21-24	Die Tochter des Jairus (a)			
5,25-34	Die blutflüssige Frau			
5,35-43	Die Tochter des Jairus (b)			
6,1-6	Unglaube in Nazareth	Behinderung und Multiplikation des Dienstes Jesu		
6,7-13	Aussendung der zwölf Apostel			
6,14-29	Der Tod des Täufers			
6,30-31	Die Rückkehr der Jünger			
6,32-44	Die Speisung der Fünftausend	Wahrer Hirte des Volkes und Konflikt mit falschen Hirten		
6,45-52	Jesus geht auf dem See			
6,53-56	Krankenheilungen in Genezareth			
7,1-23	Von Reinheit und Unreinheit			
7,24-30	Die Tochter der Syrophönizierin	Auch Hirte der Völker, wieder Konflikt mit den falschen Hirten		Jesus unterwegs in und außerhalb Galiläas
7,31-37	Der Taubstumme aus Dekapolis			
8,1-9	Speisung der Viertausend			
8,10-13	Zeichenforderung der Pharisäer			
8,14-21	Der Sauerteig der Pharisäer			
8,22-26	*1. Blindenheilung*			
8,27-30	**Christus (Titel)**	Der Christus muss leiden (Auftakt zum 2. Teil in chiastischer Parallele zu 1,1-13)	2. Hauptteil: „und sein Leben hinzugeben als Lösegeld" (Mk 10,45) Antwort: Jesus ist der Messias (Christus), aber – anders als erwartet – muss der Christus leiden.	
8,31-9,1	C' Satanische Versuchung			
9,2-8	B' Bestätigung durch den Vater (9,7)			
9,9-13	A' Erfüllung der Propheten und der Täufer			
9,14-29	Das fallsüchtige Kind	Der leidende Diener der Kleinen		
9,30-32	2. Leidensankündigung (vgl. 8,31)			
9,33-37	Der Diener ist der Größte			
9,38-41	Der Dienst des fremden Exorzisten			
9,42-50	Der Vorrang der Kleinen			

10,1-12	Die Pharisäer und die Ehescheidung	Herr der Demütigen	
10,13-16	Die Kinder und das Himmelreich		
10,17-31	Der Reiche und das Reich Gottes		
10,32-34	3. Leidensankündigung		
10,35-45	Wahre Größe im Reich Gottes		
10,46-52	*2. Blindenheilung (Bartimäus)*		
11,1-11	Einzug in Jerusalem und im Tempel	Jesus am Tempel	Jesus in Jerusalem
11,12-14	Verfluchung des Feigenbaums (a)		
11,15-19	Tempelreinigung		
11,20-26	Verfluchung des Feigenbaums (b)		
11,27-33	Die Frage nach Jesu Vollmacht (Hohepriester, Schriftgelehrte, Älteste)		
12,1-12	Von den bösen Weingärtnern		
12,13-17	Die Frage nach der Steuer (Pharis., Herodi.)		
12,18-27	Die Frage nach der Auferstehung (Sadduz.)		
12,28-34	Das höchste Gebot (Schriftgelehrter)		
12,35-40	Warnung vor den Schriftgelehrten		
12,41-44	Die Gabe der Witwe		
13,1-4	Tempelzerstörung (T) und Weltende (W)	Die Zerstörung des Tempels (T) und das Ende der Welt (W)	
13,5-13	Das Harren bis an das Ende (W)		
13,14-23	Die Bedrängnis in Judäa (T)		
13,24-27	Das Kommen des Menschensohns (W)		
13,28-30	Vom Feigenbaum (T)		
13,31-37	Aufruf zur Wachsamkeit (W)		

14,1-2	Todesbeschluss	Die Passion	
14,3-9	Salbung in Bethanien		
14,10-11	Verrat des Judas		
14,12-25	Das letzte Mahl		
14,26-31	Ankündigung der Verleugnung		
14,32-42	Gethsemane		
14,43-52	Gefangennahme		
14,53-65	Vor dem Hohen Rat		
14,66-72	Verleugnung		
15,1-20a	Vor Pilatus		
15,20b-41	Kreuzigung		
15,42-47	Grablegung		
16,1-8	Er ist nicht hier	Die Auferstehung	
16,9-20	Schlangen mit den Händen hochheben (dieser Teil fehlt in wichtigen Handschriften)	Die Folgen der Auferstehung	16,9-20 Nachtrag	

Thema: Jesus ist anders als erwartet der erwartete Messias (Christus), denn seine wahre Messianität erweist sich nicht nur durch seine Vollmacht, sondern auch durch sein Leiden. Er ruft Menschen in die Nachfolge. Glauben heißt Nachfolgen. *Mk* ist das Evangelium der *Christus-Nachfolge*.

Inneres Zeugnis über den historischen Ort: Der Verfasser/Absender/Schreiber wird im Text nicht genannt. Der nackte Mann (14,50ff) bei Jesu Festnahme könnte der Autor selbst sein. Auch der Ort des Verfassers und/oder der Adressaten wird nicht angegeben. Galiläa spielt von Anfang an bis am Schluss (1,14; 16,7) eine wichtige Rolle.

Eigenschaften: Kürzestes Evangelium; viele Wunder und Taten (mehr Taten als Worte; keine Bergpredigt oder Feldrede); die Nachfolge Jesu wird besonders hervorgehoben (vgl. die Wegstruktur des Evangeliums). Das für Mk typische Wort euthys [sofort/sogleich/sobald/ gerade(-weg)/alsbald; über dreißigmal] unterstreicht diese Weg-/Nach- folgestruktur. Die Sprache und der Satzbau sind einfach (keine griechische Hochsprache). Sondergut: z. B. Selbstwachsende Saat (Mk 4,26-29); vgl. auch die Taubstummenheilung in Mk 7,31-37 und die Blindenheilung in zwei Schritten in Mk 8,22-26.

Jesus verwendet das Wort 'Evangelium' selbst. Er wird als Diener/ Knecht dargestellt. Weitere Bezeichnungen: Menschensohn (menschliches Leiden trotz göttlicher Vollmacht) oder Gottes Sohn (im Auftrag des Vaters; Mk 1,11 Taufe).

Achtmal ist Jesus Herr (Kyrios) über ... Krankheiten (1,30f; 1,41ff; 2,1ff); Gesetz (2,23ff); familale Bindungen (3,31ff); Elemente (4,35ff); Tod (5,41f); irdische Gesetzmäßigkeiten (6,32ff); Anomalien (7,31ff; 8,22ff).

Das sog. Messiasgeheimnis spielt eine wichtige Rolle: Durch Wort und Tat enthüllt Jesus seine Messianität. Doch zugleich unterbindet er, dass Menschen oder unreine Geister, die seine Messianität erkannt haben, diese auch verkünden. Mit Ent- und Verhüllung wird ein Weg der Erkenntnis geboten, der aufschließt, dass Jesus als Messias leiden muss. Vor dem Petrusbekenntnis in 8,27ff sagt er selber nie, dass er der Christus sei. Er verbietet Geheilten, über ihn zu sprechen (z. B.

1,44), den Dämonen, ihn zu offenbaren (z. B. 3,12), und den Jüngern, seine Messianität zu verkünden (8,30). Obwohl Jesus den Jüngern besondere Erkenntnisse gibt (4,34), verstehen sie ihn nicht (4,41). Petrus begreift als Erster, dass Jesus der Christus ist, und bleibt doch ein Unverständiger (8,27-33).

Struktur: Das Markusevangelium besteht aus einer Diptichonstruktur (d. h. zweiteiliger Aufbau), in der der erste Teil eine Frage stellt, der zweite Teil diese beantwortet. Der erste Teil führt in Mk zur Frage: Wer ist dieser Jesus? Der zweite Teil beginnt sofort mit der Beantwortung dieser Frage: Er ist der Christus (8,27-30), doch er ist es anders, als dass die Jünger erwartet hätten (8,31ff). Der ganze zweite Teil zeigt deshalb, dass Jesus gerade als Christus leiden und sterben wird. Die Anfänge beider Teile sind sorgfältig aufeinander bezogen und stehen in einem parallelen (Titel) und chiastischen (ABC/C'B'A') Verhältnis zueinander.

Die zwei Blindenheilungsgeschichten nehmen auch eine strukturell- thematische Funktion wahr. Am Ende des ersten Teils wird ein Blinder in zwei Schritten sehend: Zuerst sieht er die Menschen wie Bäume, dann sieht er alles scharf (8,22-26). So zeigt der unmittelbar folgende Anfang des zweiten Teils, dass die Jünger sehen, dass Jesus der Christus ist. Aber sie sehen es erst schemenhaft, denn erst im zweiten Teil werden ihnen die Augen ganz geöffnet, so dass sie erkennen, dass der Christus leiden muss. Der blinde Bartimäus wird hingegen sofort geheilt (10,46-52). Diese Heilung findet unmittelbar vor dem Einzug in Jerusalem statt. Dort wird der Christus leiden und getötet werden und es wird offenbar, dass er der Messias (15,26: König der Juden; 15,39: Sohn Gottes) ist. Die Heilung Bartimäus' unterteilt so die zweite Hälfte des Evangeliums nochmals in zwei Teile.

Auch die geographischen Angaben gliedern das Evangelium in drei Teile (Mk 1-5 Wirken Jesu am See Genezareth; Mk 6-10 Unterwegs innerhalb und außerhalb Galiläas; Mk 11-16 In Jerusalem). Das Weg- und das Nachfolgemotiv durchziehen das ganze Evangelium. Auf dem Weg durch das Evangelium wird die Ablehnung, der Druck und der Widerstand gegenüber Jesus immer größer.

Weitere strukturelle Besonderheiten: Beginn des Evangeliums mit öffentlichem Wirken (kein Stammbaum, keine Kindheit). 16,1-8 ursprünglicher Schluss: das leere Grab! Mk 14-16 Die Passionsgeschichte (im Wochenschema So-So) nimmt viel Raum im Evangelium ein (bietet Mk eine Passionsgeschichte mit ausführlicher Einleitung?).

Anmerkungen zur Theologie und Ethik: A *Christologie*: Jesus von Nazareth ist der Christus, der Sohn Gottes (1,1), der Heilige Gottes (1,24) und der Menschensohn (2,10). Jesus ist und bleibt als Messias, der leiden musste, das Geheimnis (Mysterion 4,11; vgl. das Messiasgeheimnis). Ursprünglicher Mk-Schluss: Der Schrecken der Frauen am leeren Grab wegen der unaussprechlichen Macht der Auferstehung Christi (16,6.8). Glaube (Habt ihr noch keinen Glauben? 4,40; ungläubiges Geschlecht 9,19; alles kann, wer glaubt 9,23) und Nachfolge (z. B. 1,17; 16,7) gehören zusammen. Der Weg Jesu führt durch das Leiden hindurch (Jesus am Kreuz: Mein Gott, mein Gott, warum hast du mich verlassen? 15,34), drei Leidensankündigungen (8,31; 9,31; 10,34). Nachfolge (imitatio Christi) ist auch Leidensnachfolge (8,34; 10,30). Rede von den letzten Dingen (Kap. 13).

Das Evangelium nach Lukas

Auswahl wichtiger Perikopen für Bibelkunde		Hauptteile	
1,1-4	an Theophilus gerichtet	1,1-4	Vorwort
1-2	Ankündigungs- und Geburtsgeschichten: Joh. d. T. und Jesus	1,5-25	**Jerusalem** "Zacharias im **Tempel**" (A)
	Gebete: 1,46-55 Magnifikat (Lobpreis der Maria)	1,26-2,21	Außerhalb Jerusalems "Geburt Jesu" (B)
	1,68-79 Benediktus (Lobpreis des Zacharias) 2,29-32 Nunc dimittis (Zeugnis des Simeon)	2,22-52	**Jerusalem (C)**: ab V. 22 Opfer; 41 Passah; 46 Lehre im **Tempel**
3	Joh. d. T.	3,1-9,50	Dienst außerhalb Jerusalems (vom Jordan) (D)
4	Versuchung Jesu; Predigt in Nazareth		
5	Der Fischzug des Petrus		
6	Feldrede (6,17-6,49; vgl. Bergpredigt bei Mt 5-7)		
7	Hauptmann von Kapernaum; Jüngling zu Nain; Zeugnis über den Täufer; Salbung durch die Sünderin		
8	Nachfolgerinnen, Sämanngleichnis; Sturmstillung		
9,18-20	Petrusbekenntnis		
10	Aussendung der 70; der barmherzige Samariter; Maria und Martha	9,51-19,44	Reise nach Jerusalem (nach Jericho) (D'). Hier viel eigenes Material ("lukanisches Sondergut")
11	Vaterunser; bittender Freund um Mitternacht; Beelzebulvorwurf; Weheruf gegen Pharisäer		
12	Der reiche Kornbauer;		
13	Die Tötung der Galiläer durch Herodes und der Turm von Siloah; der unfruchtbare Feigenbaum; eine verkrümmte Frau am Sabbat		
14	das große Abendmahl		
15	Verlorenes Schaf, Groschen und Sohn		
16	Der unehrliche Verwalter; der reiche Mann und Lazarus		
17	Zehn Aussätzige; das Kommen des Menschensohnes (Endzeitrede)		
18	Die bittende Witwe; Pharisäer und Zöllner		
19	Zachäus; von den anvertrauten Pfunden		
20-23	Streitreden; ab 21,5 Endzeitreden (vgl. auch 17); ab 22 Passionsbericht	19,45-24,12	**Jerusalem (C')**: 45ff Lehre im **Tempel**; 22,1ff Passah; 39ff Selbsthingabe (vgl. Opfer)
24	Emmausjünger	24,13-32	Außerhalb Jerusalems "Emmaus" (B')
		24,33-53	**Jerusalem** "Erscheinung, Himmelfahrt, **Tempel**" (A')

Thema: Evangelienschrift als Darstellung des "sicheren Grundes der Lehre" "in guter Ordnung" (Lk 1,3f) und Schilderung dessen, „was Jesus angefangen hat zu tun und auch zu lehren" bis zu seiner Himmelfahrt (Apg 1,1-3).

Inneres Zeugnis über den historischen Ort: Der Verfasser wird im Text nicht genannt. Er ist kein Augenzeuge (1,2). Der Verfasser schreibt mit dem Anspruch eines antiken Historikers: Er ist allem von Anfang an nachgegangen und hat es sorgfältig der Reihe nach aufgeschrieben (1,1-3). Empfänger: Hochgeehrter Theophilus (d. h. übersetzt: Freund Gottes). Aussageabsicht: Theophilus ist in der Lehre (Glauben an Jesus Christus) bereits unterwiesen. Er soll nun mit diesem Evangelium den "sicheren Grund" dieser Lehre erfahren (1,3f). Der Ort des Verfassers und/oder der Adressaten wird nicht angegeben.

Eigenschaften: Das Lukasevangelium bildet die erste Hälfte des lukanischen Geschichtswerkes (Lk/Apg). In Lk 1,1-4 erklärt der Autor seine Absicht und betont dabei, dass er alles „in guter Ordnung" aufgeschrieben habe. Das Grobkonzept des Werkes umfasst zwei Bögen, nämlich Lk: Jesus für die Juden (von Zacharias im **Tempel** bis Himmelfahrt und Rückkehr der Jünger in den **Tempel**) und Apg: Evangelium für die Heiden (Himmelfahrt, Rückkehr der Jünger ins **Haus** bis zu dem **Haus**, in dem Paulus in Rom zwei Jahre bleibt). Im Hintergrund dieser Struktur steht das lukanische Missionsschema: Das Evangelium geht zuerst zu den Nahestehenden (Vaterstadt Nazareth Lk 4/Israel/Synagoge); erst durch deren Ablehnung kommt es zu den Fremden (Heiden). Zugleich betont das lukanische Geschichtswerk so besonders die Kontinuität des Neuen mit dem Alten: Das Evangelium beginnt im Tempel (Lk 1,5ff), die Gläubigen in Jerusalem versammeln sich dort (Apg 2,46), und auch Paulus bringt im Tempel Gaben dar (Apg 24,17). Die ganze Schrift (AT) zeugt von Jesus (Lk 24,27), und auch die Jünger erfüllen die Schrift (Apg 1,20f).

Struktur: Lk weist eine Makrostruktur auf (s. Diagramm), deren Elemente parallel und chiastisch angeordnet sind. Handlungsorte, die sich auf Jerusalem und den Tempel konzentrieren (A/A'; C/C'), wechseln sich mit solchen außerhalb Jerusalems ab (B/B'; D/D'). D gleicht Mk (Lk 4,31-9,50: ähnliche Perikopen und Reihenfolge wie Mk

1,21-9,40), außer Lk 6,20-8,3 (sogenannte „kleine Einschaltung" z. B. mit der Feldrede Lk 6,17-6,49, die viele Ähnlichkeiten zur Bergpredigt Mt 5-7 aufweist), lässt aber einen wichtigen Themenblock des Mk (Mk 6,45-8,26) aus, in dem es besonders um Begegnungen Jesu mit Heiden geht. Jesus kümmert sich in Lk beinahe nur um die Juden, die Heidenmission gehört erst in den zweiten Teil seines Werkes. Der große Reisebericht D' weicht sehr stark von Mk (Lk 9,51-18,14 sogenannte „große Einschaltung") und Mt ab und enthält sehr viel Sondergut. Er zeigt besondere Anliegen des Lukas: Wie Gott Frauen und Männer für sein Reich gebraucht; wie Jesus mit den Armen und Reichen umgegangen ist; wie wichtig Vergebung, Versöhnung, Barmherzigkeit, Teilen mit den Armen und Gebet ist (z. B. Lk 10,25-42; 15,11-16,13; 18,1-14).

A	Die Vorgeschichte, die Ankündigung der Geburt Johannes' und der Geburt Jesu sowie die Geburt des Johannes und der Lobgesang des Zacharias im Tempel sind auf Jerusalem und den Tempel ausgerichtet. Beachte die parallele Berichterstattung: Johannes – Jesus.
B	Die Geburt Jesu findet aber außerhalb Jerusalems statt.
C	Bereits als Kind hat Jesus eine enge Beziehung zum Tempel: Bei der Beschneidung wird er von Propheten erkannt. Als Zwölfjähriger belehrt er bereits die dortigen Lehrer.
D	Das Geschehen verlagert sich in Gebiete außerhalb Jerusalems, auf das Wirken von Johannes dem Täufer am Jordan (Kap. 3) und auf Jesu Wirken in Galiläa. Ein Höhepunkt und gleichzeitig ein Einschnitt ist das Bekenntnis des Petrus (Kap. 9,18ff).
D'	In den Kap. 9,51-19,44 reist Jesus nach Jerusalem. Alle Worte, Gleichnisse (viel Sondergut) und Handlungen sind in diese Reise eingebettet.
C'	Jesus lehrt im Tempel und kündigt den Untergang des Tempels und Jerusalems an. Er wird verurteilt und gekreuzigt.
B'	Zwei Jünger verlassen Jerusalem und gehen nach Emmaus. Jesus erscheint ihnen.
A'	Die Jünger kehren nach Jerusalem zurück, und Jesus tritt unter sie. Nach seiner Himmelfahrt kehren die Jünger in den Jerusalemer Tempel zurück, um ihn zu preisen.

Der Teil D'-A' ist länger als die erste Hälfte des Lk und steht zu dieser im Goldenen Schnitt (D'-A':Gesamtlänge = 0,618:1).

Anmerkungen zur Theologie und Ethik: A *Von der Heiligen Schrift*: In allen Schriften (AT) ist von Jesus Christus die Rede (24,27). Er öffnet seinen Jünger das Verständnis, die Schriften zu verstehen (24,45). B *Von Gott*: In Christus (2,11) hat Gott sein Volk besucht und erlöst (1,68) und so neues Leben geschenkt (7,16f). C *Von Christus*: Durch das Wirken des Heiligen Geistes gezeugt und von der Jungfrau Maria geboren, trat Jesus auf, um "zu suchen und selig zu machen, was verloren ist" (19,10). Er ist ganz besonders der Heiland der Sünder (vgl. der Fischzug des Petrus Kap. 5), der Verachteten (vgl. die Salbung durch die Sünderin Kap. 7 und Zachäus Kap. 19) und der Armen (vgl. das Gleichnis vom großen Abendmahl). Er ist Gottes Sohn (1,35; 2,49; 3,22; 9,35; 22,70). In ihm erfüllt sich die Davidsverheißung: König in Ewigkeit (1,32f.69f; 23,3). Der Menschensohn bzw. Christus muss leiden, auferstehen und in seine Herrlichkeit eingehen (9,22; 24,26). D *Von den Heilsmitteln*: Jesus tauft mit dem Heiligen Geist (3,16). Er setzt das Abendmahl im Kreis seiner Apostel ein (22,14-20). E *Ethik*: Gottes Wort soll gehört und getan werden. Die solches tun, sind Brüder Jesu (8,21). Gott/Jesus ist barmherzig (s. z. B. der Fischzug des Petrus Kap. 5; das Gleichnis vom verlorenen Schaf, Groschen und Sohn Kap. 15). Deshalb sollen vor allem die Reichen gegenüber den Armen tätige Barmherzigkeit walten lassen (z. B. das Gleichnis vom reichen Mann und Lazarus und Zachäus). F *Liturgische Stücke*: 1,46-55 Magnifikat (Lobpreis der Maria); 1,68-79 Benediktus (Lobpreis des Zacharias); 2,29-32 Nunc dimittis (Zeugnis des Simeon); Vater unser (11,2-4).

Weiterführende Übung: Erarbeite zum Hauptdiagramm weitere Diagramme zu den Perikopen und Einheiten (s. o. bei Mk und Mt und s. die Anweisungen in der Einleitung).

Das Evangelium nach Johannes

Einheiten		Glaube (inkl. Wahrheit) und Liebe	Der Weg des Logos
1,1-18	Prolog: Der göttliche Logos und seine Inkarnation	A Glaube: Berufung der Jünger im Verborgenen und öffentliches Wirken Jesu (Zeichen und Worte, die zum Glauben rufen)	Hymnus über den göttlichen Logos
1,19-34	Des Täufers Zeugnis über sich und über Jesus		Die Offenbarung des Logos Jesus Christus in der Welt
1,35-51	Die ersten Jünger		
2,1-12	Hochzeit zu Kana: Anfang der Zeichen (1. Zeichen)		
2,13-25	Tempelreinigung (1. Wallfahrt: Pessach)		
3,1-21	Gespräch mit Nikodemus (*Taufe*)		
3,22-36	Des Täufers 2. Zeugnis		
4,1-42	Gespräch mit der Samariterin am Brunnen		
4,43-54	Heilung des Sohnes eines königlichen Beamten (2. Zeichen)		
5,1-16	Heilung am Teich Bethesda (3. Zeichen)	Ab hier: Streitgespräche mit Juden	
5,17-47	Jesus, der Sohn Gottes		
6,1-15	Speisung der Fünftausend (4. Zeichen)		
6,16-21	Jesus geht auf dem See (5. Zeichen)		
6,22-71	Jesus, das Brot des Lebens (*Abendmahl*)		
7,1-53	Gespräche am Laubhüttenfest (2. Wallfahrt: Laubhüttenfest)		
8,1-11	Die Ehebrecherin (fehlt in alten Schriften)		
8,12-59	Gespräche am Tempel		
9,1-41	Heilung eines Blindgeborenen (6. Zeichen)		
10,1-30	Jesus, der gute Hirte (3. Wallfahrt: Tempelweihfest 10,22)		
10,31-42	Steinigungsversuch		
11,1-46	Auferweckung des Lazarus (7. Zeichen)		
11,47-57	Tötungsbeschluss des Hohen Rates		
12,1-11	Salbung Jesu in Bethanien		
12,12-19	Einzug in Jerusalem (4. Wallfahrt: Pessach)		
12,20-50	Letzte Reden am Tempel		

13,1-38	Abschiedsmahl: Fußwaschung (Bedeutung: Anteil an Jesus und Beispiel für die Jünger), Abgang des Judas, Liebesgebot, Ankündigung der Verleugnung des Petrus	B Liebe: Jesus alleine mit den Jüngern (Liebestat: Fußwaschung und Liebesaufforderung vgl. 13,34; 15,9ff; 17,26)	Über die Rückkehr des Logos Jesus Christus zum Vater und seine Verherrlichung durch Kreuz und Auferstehung
14,1-17,26	Abschiedsreden (Kap. 14 Abschied und Verheißung des Hl. Geistes; Kap. 15 Jesus, der Weinstock, und das Gebot der Liebe; Ankündigung von Verfolgungen; Kap. 16 Verheißung des Hl. Geistes und Abschied; Kap. 17 Das hohepriesterliche Gebet)		
18,1-19,42	Passion Jesu (Kap. 18 Gefangennahme; „Ich bin's"; vor dem Hohenpriester Hannas; Verleugnung durch Petrus; vor Pilatus; Kap. 19 Von der Geißelung zur Grablegung; Wort am Kreuz: „Es ist vollbracht")	A Glaube: Öffentliche Passion und Offenbarungen des Auferstandenen für die Jünger im Verborgenen (20,29: „Selig sind, die nicht sehen und doch glauben"; 20,31: „geschrieben, damit ihr glaubt")	
20,1-29	Der Auferstandene (leeres Grab, Petrus und Johannes, Maria Magdalena, Thomas: „mein Herr und mein Gott")		Gesandte des Logos Jesus Christus in dieser Welt
20,30-31	1. Epilog		
21,1-23	Am See Tiberias (153 Fische und 3x Auftrag an Petrus, die Schafe Jesu zu weiden)	B Liebe: Jesus alleine mit den Jüngern (Liebestat „Fischzubereitung" und Liebesaufforderung: 3x „Petrus, liebst du mich?")	
21,24-25	2. Epilog		

Thema: Der Weg des göttlichen Wortes (Logos): Seine Fleischwerdung (Inkarnation: der ewige Logos wird „körperlicher" Teil der Geschichte), seine Selbstoffenbarung in der Welt, Ankündigung seiner Rückkehr zum Vater, seine Verherrlichung durch Kreuz und Auferstehung, die Heil für die ganze Welt bewirkt. Jesus Christus ist das inkarnierte Wort Gottes und der Sohn Gottes. Er sammelt eine Jüngergemeinde um sich, weckt ihren Glauben und sendet sie in die Welt.

Inneres Zeugnis über den historischen Ort: Der Verfasser musste nach 20,30 aus einer Fülle von Jesus-Geschichten auswählen (vgl. 21,25). Aufgrund der Auferstehung und des Wirkens des Parakleten weiß er mehr, als die Jünger vor Ostern (2,22; 12,16; 13,7). Zweck und Ziel des Evangeliums ist, dass die Leser/Hörer glauben, dass Jesus der Christus, der Sohn Gottes ist und dass sie durch den Glauben das Leben in seinem Namen haben (20,31). Nach 21,20-24 ist der Verfasser der Lieblingsjünger, der beim Mahl an der Brust von Jesus gelegen hat.

Eigenschaften: Jesus steht als der, der von Gott gesandt ist, in großer Spannung zu jüdischen Kreisen, aus deren Mitte sich immer stärker die Anklage der Gotteslästerung gegen ihn erhebt. Hauptanklagepunkt: Jesus macht sich selbst zu Gottes Sohn und damit Gott gleich. Nach dem Gesetz ist Jesus schuldig und wird durch den Hohen Rat zum Tode verurteilt. Im Prolog wird Jesus als Wort Gottes und damit als Gott bekannt. In dramatischer Entfaltung dieses Bekenntnisses wird die Gottessohnschaft Jesu immer eindringlicher bezeugt, während der Widerstand der Ankläger eskaliert. Sie werfen Jesus Gotteslästerung vor. Gegenüber dieser Anklage und gegenüber dem Vorwurf des Selbstzeugnisses, bekennt das Evangelium die Herkunft Jesu vom Vater u. a. mit dem immer wiederkehrenden, an manchen Stellen sich auffällig häufenden und in vielen Abwandlungen auftretenden Satz: „Der Vater, der mich gesandt hat".

Die ICH-BIN Worte fassen die Heilsbedeutung Jesu zusammen und antworten sowohl seinen Jüngern, als auch seinen Anklägern auf die Frage, wer er sei. Zur ICH-BIN Theophanie (Gottesoffenbarung) des Christus: Ich bin der Messias (4,25f), ... das Brot des Lebens (6,35), ... das Licht der Welt (8,12), ... das Tor für die Schafe (10,7), ... der gute

Hirte (10,11), ... die Auferstehung und das Leben (11,25), ... der Weg, die Wahrheit und das Leben (14,6), ... der wahre Weinstock (15,1); vgl. 18,5: „Ich bin's". „Ich bin" sind in der Tora Schlüsselworte der Gottesoffenbarung (Theophanie): „Da sprach Gott zu Mose: Ich bin, der ich bin. ... Ich bin hat mich zu euch gesandt" (2 Mose 3,14). Jesus ist auch der neue Tempel (Joh 2,21), die Erfüllung der ganzen Schrift (19,28; vgl. 5,39) und das wahre Opferlamm (1,29).

Die sieben Zeichen in Joh 2-11 zeugen als Werke von Jesu Bevollmächtigung durch den Vater: „Damit sie glauben, dass du mich gesandt hast".

Jesus hat einen Lieblingsjünger (13,23;19,26; 20,2; 21,7.20; vgl. 18,15). Petrus wird von diesem im Wettlauf zum Grab geschlagen (Joh 20,4) und hat keinen Führungsanspruch ihm gegenüber (Joh 21,20-22).

Struktur: Das Evangelium wird entfaltet, indem es zwischen den beiden Polen Glauben und Liebe hin und herwechselt (auch 1 Joh, 2 Joh und 3 Joh werden in der Spannung zwischen diesen beiden Polen entfaltet). In Joh 1-12 wird der Glauben an Jesus Christus als Sohn Gottes gewonnen, vertieft aber auch verloren (Joh 6,66). In Joh 13-17 (Abschiedsreden) wird den Jüngern, die glaubend bei Jesus geblieben sind, nachdem Judas von ihnen weggegangen ist, das Liebesgebot gegeben. Das Liebesgebot wird in Joh 13,34 als neues Gebot, in 1 Joh 2,7f als altes und neues Gebot und in 2 Joh 5f als das (nicht neue) „Gebot von Anfang an" bezeichnet. Durch die Verherrlichung Jesu Christi durch Kreuz und Auferstehung kommen die Jünger zum wahren Glauben an Jesus als Herrn und Gott (Joh 20,8.28). In Joh 21 geht es wiederum vor allem um die Liebe. Wie die Abschiedsreden (Joh 13-17) mit einer Liebestat (Fußwaschung) begonnen haben, so beginnt auch Joh 21 mit einer Liebestat: Frühstückszubereitung (21,9) und wundersamer Fischfang (153 Fische). Jesus fragt Petrus dreimal „Liebst du mich?" (Gottesliebe) und gibt ihm dreimal den Auftrag, die Schafe Jesu zu weiden (vgl. Bruderliebe).

Parallelen zwischen Johannes und den Synoptikern: 1. Tempelreinigung 2,13-17; 2. Heilung des Sohnes eines königlichen Beamten 4,46-54; 3. Speisung der Fünftausend 6,1-15; 4. Wandel auf dem See 6,16-21; 5. Petrusbekenntnis 6,67-71; 6. Salbung Jesu durch eine Frau 12,1-8; 7. Passionsberichte; der reiche Fischzug 21,1-14.

Unterschiede zwischen Johannes und den Synoptikern: 1. Bei Joh fehlen Gleichnisse und Dämonenaustreibungen; 2. Mehrere Wanderungen zwischen Galiläa und Judäa (und Ostjordanland); 3. Vier Wallfahrten nach Jerusalem; 4. Vor allem präsentische Eschatologie (z. B. 5,25; 11,25); Synoptiker haben futurische Eschatologie; 5. Besondere Betonung der Leiblichkeit/Inkarnation Jesu (antidoketischer Akzent); 6. dualistische Tendenzen: Licht contra Finsternis z. B. 1,4f; Leben-Tod z. B. 5,24; Wahrheit-Lüge 8,44; Freiheit-Knechtschaft 8,33.36; Geist-Fleisch; oben-unten 8,23; himmlisch-irdisch.

Anmerkungen zur Theologie und Ethik: A *Offenbarung*: In Jesus Christus offenbart sich Gott, der Vater im Sohn: "Ich und der Vater sind eins" (10,30). B Die *Heilige Schrift* (AT) erfüllt sich in Jesus (19,28), indem er der von der Schrift Bezeugte (1,45; 12,41) und mehr als die Schrift ist (1,17; 6,32ff; 8,58). Er ist das Wort Gottes selbst (1,1f). „Ihr forscht in den Schriften, weil ihr meint, in ihnen das ewige Leben zu haben. Und jene sind es, die über mich Zeugnis ablegen" (5,39). C Vom *Glauben*: Die Glaubenden haben durch den Glauben Leben im Namen Jesu Christi (20,31). Glauben beinhaltet, Jesus als den guten Hirten kennen (10,14), ihn als den Weg zum Vater erkennen (14,6f) und in ihm bleiben (15,5). D Von der *Schöpfung*: Die ganze Schöpfung ist durch den Logos als Schöpfungsmittler gemacht 1,1-13. Durch die Fleischwerdung des Logos (1,14: logos sarx egeneto) wurde dieser auch Teil der Schöpfung. Die Schöpfung ist der Kosmos. Dieser ist von Gott geliebt (3,16). E Von *Christus*: Der präexistente Logos wurde durch die Fleischwerdung zum Menschen Jesus Christus. Als Logos und Sohn Gottes ist er Gott. Als Schöpfungsmittler wurde er Fleisch und damit selber Geschöpf, obwohl er ganz Gott ist: "das Wort war Gott" (1,1) und "Ich bin ... " Worte. Er ist der Retter der Welt (4,42), der als Lamm Gottes ihre Sünde trägt (1,29). F Von der *Gnade*: Der Kreuzestod ist die "Erhöhung" und "Verherrlichung" Christi. Tod Christi und Heil fallen ineinander [letztes Wort am Kreuz: "Es ist vollbracht" (19,30)]. G Von den *Heilsmitteln*: Die Leiblichkeit und der Opfercharakter des Abendmahls wird betont: "Wenn ihr nicht das Fleisch des Sohnes des Menschen esst und sein Blut trinkt ..." (6,53). Die ersten Jünger kommen aus dem Kreis Johannes des Täufers. Die Jünger Jesu taufen schon zur Zeit seines irdischen Wirkens (3,22-4,2). H Von der *Kirche*: Jesus gibt seinen Jüngern anstelle seiner leiblichen Gegenwart (16,7) den Heiligen Geist/Parakleten (Tröster/Ermahner) (20,22) Er ist als Gabe des Vaters der Geist der Wahrheit (14,16f). Er lehrt und erinnert die Jünger an die Worte Jesu (14,26). Durch die Jünger zeugt er von Jesus in der Welt (15,26f). Er wird die Welt über Sünde, Gerechtigkeit und Gericht aufklären (16,7-11). I Von den *letzten Dingen*: Im Gegensatz zu den Synoptikern wird die Erfüllung des endzeitlichen Heils durch Jesus Christus in der Gegenwart betont (präsentische Eschatologie): "Wer mein Wort hört und glaubt dem, der mich gesandt hat, der hat ewiges Leben..." (5,24). Allerdings gibt es auch Heilsverheißungen, die sich für die Glaubenden erst in der Zukunft erfüllen werden (futurische Eschatologie): "An jenem Tag werdet ihr bitten in meinem Namen ..." (16,26). J *Ethik*: Das Liebesgebot ist das Gebot Jesu schlechthin und ist vor allem auf die Bruderliebe (Liebe der Jünger untereinander) bezogen: "Dies ist mein Gebot, dass ihr einander liebt, wie ich euch geliebt habe" (15,12).

Apostelgeschichte

In 4 Schritten zur Weltmission

Einheiten		Die 4 Hauptteile
1,1-3	Proömium	
1,4-14	Himmelfahrt (**Jerusalem**: Vom Ölberg ins **Haus**)	1. 4 Schritte zur Gemeindegründung
1,15-26	Wahl des Matthias	
2,1-41	Pfingsten	
2,42-47	Die Urgemeinde	
3,1-4,31	Heilung eines Gelähmten und Drohung des Hohen Rates (Konflikt mit Umwelt)	2. Das Leben der ersten Gemeinde anhand von 4 Segensbeispielen und 4 Konflikten
4,32-5,11	Gütergemeinschaft und Ananias und Saphira (innergemeindlicher Konflikt)	
5,12-42	Wundertaten der Apostel; Befreiung aus der Gefangenschaft; Gamaliel (Konflikt mit Umwelt)	
6,1-7	7 Armenpfleger und Bekehrung von Priestern (innergemeindlicher Konflikt um Essenszuteilung)	
6,8-8,3	Predigt und Hinrichtung des Stephanus	3. 4 wichtige Personen der Urkirche
8,4-40	Philippus in Samaria und beim äthiopischen Kämmerer	
9,1-31	Bekehrung des Paulus	
9,32-11,18	Petrus und die Bekehrung des Kornelius	
11,19-12,25	1. Rahmenstück: Heidenmission in Antiochia; Hinrichtung des Jakobus	4. Die 4 Missionsreisen des Paulus mit 4 Rahmenstücken
13,1-,14,28	1. Missionsreise (durch Kleinasien)	
15,1-35	2. Rahmenstück: Apostelkonzil	
15,36-18,22	2. Missionsreise (ab 16 ,11 in Philippi; ab 18,1 in Korinth)	
18,23-21,14	3. Missionsreise (ab 19,1 in Ephesus)	
21,15-23,22	3. Rahmenstück: Die Gefangennahme in Jerusalem	
23,23-28,16	4. Missionsreise in Gefangenschaft; 2 Jahre in Cäsarea, ab 27 Fahrt nach Rom	
28,17-31	4. Rahmenstück: Paulus in **Rom** in einer Mietwohnung (**Haus**)	

Thema: In Apg 1,8 (letztes Wort des scheidenden Herrn an die Apostel) stellt der Verfasser das Programm der Apg vor: „Aber ihr werdet die Kraft des Heiligen Geistes empfangen, die auf euch herabkommen wird, und ihr werdet meine Zeugen sein in Jerusalem und in ganz Judäa und Samaria bis an das Ende der Erde." Die Apg zeigt, wie die Jünger diesen Auftrag erfüllen.

Inneres Zeugnis über den historischen Ort: S. Evangelium nach Lukas. Durch die „Wir-Berichte" ((See-)reiseberichte) in Apg 16,10-17; 20,5-15; 21,1-18; 27,1-28,16 stellt sich der Verfasser als zeitweiliger Reisebegleiter des Paulus vor.

Eigenschaften und Zusammenhang zu Lk: Während Lk vermied, von Kontakten Jesu mit Nichtjuden zu erzählen, berichtet nun die Apostelgeschichte als zweites Buch des lukanischen Geschichtswerkes, wie das Evangelium von den Juden zu den Heiden gekommen ist und angefangen hat, sich in der Welt auszubreiten. Lk endet, die Apg beginnt mit der Himmelfahrt Christi. Die Apg führt in geographischer Hinsicht von Jerusalem als der Heiligen Stadt Israels nach Rom, dem Zentrum des römischen Imperiums (vgl. Lk: Von Jerusalem nach Jerusalem). Im Hintergrund steht das lukanische Missionsschema: Das Evangelium geht zuerst zu den Nahestehenden (Juden als Volksgenossen Jesu, der Jünger und des Paulus); erst durch deren Ablehnung kommt es zu den Fremden (Heiden). Die erste Gemeinde versammelt sich im Tempel; der Diasporajude Stephanus stößt zuerst bei Diasporajuden auf Widerstand (Apg 6,9); Paulus predigt auf seinen Missionsreisen in der Regel zuerst in den Synagogen. Seine Gefangenschaft beginnt am Jerusalemer Tempel.

Am Anfang wie am Schluss versammeln sich die Gläubigen in häuslichem Rahmen (von Haus zu Haus; vgl. Lk: Von Tempel zu Tempel). Dies ist ein Hinweis darauf, dass die Häuser überall der wichtigste Versammlungsort für die Gemeinden waren.

Struktur: Die Zahl vier strukturiert den Weg des Evangeliums zu den Völkern und zugleich die ganze Apg. Nach Apg 1,8 (Programm der Apg) sollen die Jünger an vier Orten Zeugen sein: „... und ihr werdet meine Zeugen sein in Jerusalem und in ganz Judäa und Samaria bis an das Ende der Erde." Die Apg besteht aus vier Hauptteilen, die jeweils aus weiteren vier Teilen bestehen, der letzte sogar aus vier plus vier: 1. Vier Schritte zur Gemeindegründung; 2. Das Leben der ersten Gemeinde anhand von vier Segensbeispielen und vier Konflikten; 3. Vier wichtige Personen der Urkirche; 4. Die vier Missionsreisen des Paulus mit Rahmenstücken. Je weiter sich das Evangelium ausbreitet, desto mehr wird die Erzählperspektive verengt: Von der ganzen Urgemeinde, über vier wichtige Personen hin zur Konzentration auf Paulus. Der letzte Teil ist länger als die ersten drei Teile und steht zu diesen im Goldenen Schnitt (letzter Hauptteil:Gesamtlänge = 0,618:1). Die ersten drei Teile enden mit den Worten "... dann hat Gott also auch den Nationen die Buße gegeben zum Leben" (11,18); gegen Ende des vierten steht, „... dass dieses Heil Gottes den Nationen gesandt ist" (28,28).

Anmerkungen zur Theologie und Ethik: Der Verfasser "Lukas" typologisiert und schematisiert in seinem Doppelwerk die Geschichte gemäß seiner Theologie (Geschichtstheologie; Jesus als Mitte der Zeit zwischen der alttestamentlichen Zeit und der Zeit der Kirche; Heilsgeschichte), lässt aber zugleich immer wieder die Abweichungen und Ausnahmen durchblicken; z. B.: In der Urgemeinde hatten alle alles gemeinsam (Apg 4,32); doch die Gläubigen durften ihren Besitz behalten, wenn sie wollten (Apg 5,4). Von der *Kirche*: Durch das Wirken des Heiligen Geistes, der Predigt der Apostel und der Taufe entsteht die Ekklesia. Die vier Zeichen der Urgemeinde sind: Bleiben 1. in der Lehre der Apostel, 2. in der Gemeinschaft, 3. im Brotbrechen und 4. im Gebet (Apg 2; bes. 2,42). Die Jerusalemer Urgemeinde versammelt sich am Tempel und in den Häusern (2,46). Durch die Mission werden in "allen" Städten Gemeinden gegründet, die sich in den Häusern versammeln (Hauskirche). Neben den Aposteln werden auch Diakone (6,1-7) und Älteste (14,23) in Gemeindeleitungsfunktionen eingesetzt.

Weiterführende Übung: Erarbeite zum Hauptdiagramm weitere Diagramme zu den Perikopen (s. die Anweisungen in der Einleitung).

Die Grundstruktur der neutestamentlichen Briefe

Briefliches (epistolographisches) Formular	Redestruktur (rethorische Elemente)

Präskript (Briefanfang; Briefkopf):
  1. Absender   Paulus
  2. Adressat   an die Gemeinde
  3 Gruß Gnade und Friede sei mit euch.	

Briefliche Danksagung:
  1. Dank oder Lobpreis Gottes (2. Kor/Eph) und
  2. Fürbitte (1. und 2. fehlt im Gal)
	Vorwort (Proömium) hat drei Funktionen:
	  1. Erzeugung von Wohlwollen (captatio benevolentiae): z. B. durch Lob der Adressaten/Empfänger.
	  2. Herstellung von Aufmerksamkeit (attentos facere): z. B. Ankündigung der besondern Wichtigkeit/Dringlichkeit des Folgenden.
	  3. Herstellung von Empfänglichkeit (docilem facere) durch kurzen Hinweis auf den Inhalt (Inhaltsangabe)

Briefkorpus Ein *Indikativ-Imperativ Schema* gliedert die meisten Briefkörper der paulinischen Briefe. Zuerst steht immer der Indikativ: Das, was von Gott ohne Zutun des Menschen gegeben ist, Rechtfertigung, Heil, Gnade, Leben. Dann der Imperativ: Das, was der Glaubende nun als Folge aus der Gnade Gottes tun kann und soll (z. B. in Röm ab 12,1ff): Ethik, Anweisungen zur Lebensgestaltung. Die theologische Aussage dieser Struktur ist: Der Glaubende ist immer zuerst der von Gott Beschenkte. Als solcher wird er für eine neue Lebensgestaltung befähigt.	Eigentliche Rede, die aus verschiedenen Teilen besteht. Aber nicht alle paulinischen Briefkörper folgen den Gliederungen antiker Rhetorikhandbücher (s. dazu M.Fuhrmann, Die Antike Rhetorik, zweite durchgesehene Aufl., München und Zürich 1987, 83ff).
Schlussermahnungen	

Postskript (Briefschluss)
  1. Empfehlung des „Briefträgers" (Röm 16,1: Ich befehle Euch Phöbe)
  2. Grüsse an (Röm 16,3: Grüsst Priska)
  3. Grüsse von (Röm 16,21: Es grüssen euch Timotheus)
  4. Segen (1 Kor 16,23: Die Gnade des Herrn Jesus Christus sei mit euch)	

Legende: Praktisch alle Briefe des NT's sind echte Briefe (Ausnahme evtl. Hebr, der aber sicher eine Rede ist). Die meisten Briefe des NT waren dazu bestimmt, öffentlich vor der Gemeinde vorgetragen zu werden, also als Reden gehalten zu werden. Deshalb sind diese Briefe oft zugleich epistolographisch und rhetorisch gegliedert. Briefliche Danksagung und Vorwort fallen bei Paulus sogar ineinander. Der an Gott gerichtete Dank der Danksagung erzeugt zugleich Wohlwollen bei den Adressaten, da Paulus wegen ihnen Grund zum Danken hat.

Römerbrief

Einheiten		Hauptteile
1,1-7	Präskript und Dienst des Apostels	Briefanfang
1,8-15	Vorwort und Reisepläne des Apostels nach Rom	
1,16-17	Inhaltsangabe: Denn ich schäme mich des Evangeliums nicht; denn es ist eine Kraft Gottes, die jeden rettet, der glaubt, sowohl den Juden zuerst als auch den Griechen. 1,17 Denn darin wird offenbart die Gerechtigkeit Gottes, welche kommt aus Glauben zu Glauben; wie geschrieben steht (Habakuk 2,4): „Der aus Glauben Gerechte wird leben." 1,18 Denn Gottes Zorn wird vom Himmel her offenbart ...	Der Inhalt des Evangeliums: Gottes Zorn; Gottes Gerechtigkeit; Leben aus Glauben. Diese Themen werden jeweils zuerst für jeden Menschen, dann besonders hinsichtlich des Verhältnisses von Jude und Grieche entfaltet.
1,18-2,16	Jeder	Gottes Zorn: Die Notwendigkeit der Gnade (Lebensverlust)
2,17-3,20	Jude und Grieche	
3,21-8,39	Jeder	Gottes Gerechtigkeit: Die Gnade der Gotteskindschaft (Lebensgeschenk)
9,1-11,36	Jude und Grieche	
12,1-13,14	Jeder	Leben aus der Gnade (das geschenkte Leben leben)
14,1-15,13	Umgang der Starken (eher „Griechen") und Schwachen (eher „Juden"-Christen) in der Gemeinde miteinander beim gemeinsamen Essen. Starke sollen ihre Stärke dadurch zeigen, dass sie Rücksicht auf die Schwachen nehmen.	
15,14-21	Dienst des Apostels	Briefende
15,22-33	Reisepläne des Apostels über Rom nach Spanien	
16,1-27	Grußliste und Postskript	

Römerstruktur mit Perikopen

Perikopen		Untereinheiten	Einheiten und Hauptteile
1,1-7	Paulus, Knecht und Apostel	Briefanfang: Der Dienst des Apostels	Präskript
1,8-15	euch das Evangelium verkünden	Reisepläne des Apostels nach Rom	Proömium
1,16-17	Das Evangelium: Eine Kraft Gottes	Das Evangelium	Der Inhalt des Evangeliums
1,18-32	Gott hat sie dahingegeben	Keiner ist gerecht.	Gottes Zorn: Jeder
2,1-11	Du kannst dich nicht entschuldigen		
2,12-16	Heiden sind sich selbst Gesetz		
2,17-24	Jude: Führer der Blinden?	Auch die Juden haben trotz dem Gesetz gesündigt.	Gottes Zorn: Jude und Grieche
2,25-29	Aus einem Beschnittenen ein Unbeschnittener		
3,1-8	Was nützt die Beschneidung? Viel!		
3,9-20	Sind [Juden] im Vorteil? Keineswegs!		
3,21-26	Gerechtigkeit Gottes ohne Gesetz	Die Rechtfertigung des Menschen durch Christus, durch Gnade, durch Glauben schafft Frieden mit Gott.	Gottes Gerechtigkeit: Jeder
3,27-31	Der Mensch wird gerecht durch Glauben		
4,1-25	Abraham glaubte Gott		
5,1-11	Friede mit Gott (3x wir rühmen uns: wegen der Hoffnung 5,2, in der Bedrängnis 5,3, in Gott 5,11)		
5,12-21	Adam – Christus	Gnade, Gerechtigkeit und neues Leben sind viel mächtiger als Sünde, Verdammnis und Tod	
6,1-11	in seinen Tod getauft		
6,12-14	lasst die Sünde nicht herrschen		
6,15-23	ihr seid Knechte der Gerechtigkeit		
7,1-6	Ihr seid dem Gesetz getötet	Das gute Gesetz kann nicht vor der Sünde retten, im Gegenteil: Es hat die Sünde noch stärker gemacht.	
7,7-13	Sünde tötete mich durch das Gebot		
7,14-25	Ich tue nicht, was ich will		
8,1-11	das Gesetz des Geistes	Es gibt für die, die in Christus Jesus sind, keine Verdammnis mehr.	
8,12-17	Gottes Geist - Gottes Kinder		
8,18-30	wir sind gerettet auf Hoffnung		
8,31-39	ist Gott für uns ...		

9,1-5	ich wünschte, verflucht zu sein	Freie Gnadenwahl Gottes (Prädestination)	Gottes Gerechtigkeit: Jude und Grieche
9,6-13	nicht alle sind Israel		
9,14-29	es liegt an Gottes Erbarmen		
9,30-33	die Heiden haben Gerechtigkeit erlangt		
10,1-4	Christus: Das Ziel des Gesetzes	Die Antwort des Menschen: Glauben, Bekennen, Predigen	
10,5-13	wenn du glaubst und bekennst		
10,14-21	der Glaube aus der Predigt		
11,1-10	einen Rest aus Gnade	Die Versöhnung der Welt und die Rettung Israels	
11,11-15	ihre Verwerfung: die Versöhnung der Welt		
11,16-24	Ölbaum		
11,25-32	ganz Israel wird gerettet		
11,33-36	O Tiefe des Reichtums		
12,1-2	Eure Leiber: ein lebendiges Opfer	Verschiedene ethische Weisungen	Leben aus der Gnade: Jeder
12,3-8	wir haben verschiedene Gaben		
12,9-21	überwinde das Böse mit Gutem		
13,1-7	sei den Gewalten untertan		
13,8-10	Die Liebe ist Gesetzesfülle		
13,11-14	Waffen des Lichts		
14,1-12	den Schwachen im Glauben	Die Starken sollen beim Essen Rücksicht auf ihre schwachen Glaubensgeschwister nehmen, die noch nicht die Freiheit haben, alles zu essen.	Leben aus der Gnade: Starke (eher „Griechen") und Schwache (eher „Juden"-Christen)
14,13-23	nicht Essen und Trinken		
15,1-6	seid einträchtig gesinnt		
15,7-13	nehmt einander an		
15,14-21	von Jerusalem nach Illyrien	Dienst und Reisepläne des Apostels	Briefende und Postskript
15,22-33	nach Spanien		
16,1-16	Grüßt Priska und Aquila	Grüße an ...	
16,17-20	solche dienen ihrem Bauch	Schlussmahnungen	
16,21-23	Tertius	Grüße von ...	
16,25-27	dem der euch stärken kann gemäß meinem Evangelium	Segen	

Thema: Das Evangelium, eine Kraft Gottes, die die Sünder rettet und neues Leben ermöglicht.

Briefliche Angaben zum historischen Ort: Paulus schreibt an die Gemeinde in Rom, die er selber weder gegründet noch besucht hat. Nachdem er seinen Dienst im Osten für abgeschlossen betrachtet, hofft er, bald über Rom nach Spanien reisen zu können (15,19.23f). Doch zuvor muss er noch die Kollekte nach Jersualem bringen (Röm 15,25-28). Zur Vorbereitung seines Besuches will er den Glauben der römischen Gemeinde an das Evangelium stärken und mit seiner eigenen Verkündigung in Übereinstimmung bringen. So ist der Römerbrief der einzige Brief, in dem Paulus den grundlegenden Inhalt seiner Evangeliumsverkündigung ausführlich darstellt. Zugleich gibt er darin Anweisungen, wie Heidenchristen und Judenchristen trotz der halachischen Speisegebote in der Gemeinde zusammen leben und gemeinsam Mahlgemeinschaft halten sollen. Der Briefschreiber heißt Tertius (Röm 16,22). Die Briefbotin war wahrscheinlich Phöbe (16,1). Die Adressaten in Rom waren vor allem Heidenchristen (1,5f; aber auch Juden 16,3).

Struktur und Argumentation: Das Briefkorpus wird durch einen ausführlichen Briefanfang und einen noch längeren Briefschluss gerahmt. Hier wie dort geht Paulus auf die Art seines apostolischen Dienstes ein und erörtert seine Reisepläne nach Rom, beziehungsweise über Rom hinaus. Die Grußliste in K. 16 ist außerordentlich lang.

Paulus kündet in den Versen 1,16-18a, die den Übergang des Vorworts zum Briefkorpus bilden, relativ ausführlich den Inhalt des Briefes an. Der Inhalt des Briefes ist das Evangelium Gottes, das im Spannungsfeld zwischen Gericht, Gnade und guter Lebensgestaltung entfaltet wird. Diese drei Themen werden jeweils zuerst für jeden Menschen, dann in einem zweiten Schritt besonders hinsichtlich des Verhältnisses von Jude und Grieche entfaltet. In einem ersten Hauptteil behandelt Paulus die Sündenverfallenheit aller Menschen. Gottlosigkeit führt zu zwischenmenschlichen Sünden. Jeder Mensch steht unter dem Zorn Gottes. Obwohl die Juden das von Gott erwählte und privilegierte Volk sind, stehen auch sie unter seinem Zorn. Im zweiten Hauptteil erörtert Paulus, wie Gott die Menschen gerecht macht, nicht durch ihre Werke des Gesetzes, sondern durch seinen Sohn Jesus Christus und den Glauben an ihn. Obwohl die Mehrheit der Juden nicht an Jesus Christus glaubt, wird Gott am Ende ganz Israel retten. Im dritten Hauptteil thematisiert Paulus die richtige Lebensführung, die aus dem Glauben an das Evangelium folgen soll. Zu dieser Lebensführung gehört z. B. Feindesliebe und Unterordnung unter die Obrigkeit. Obwohl die Heidenchristen (also die Griechen) sich nicht an die jüdischen Speisegebote halten sollen, müssen sie beim Essen Rücksicht auf ihre jüdischen Glaubensgeschwister nehmen, die noch nicht die Freiheit haben, alles zu essen. Die Starken sollen ihre Stärke dadurch zeigen, dass sie Rücksicht auf die Schwachen nehmen.

Indikativ-Imperativ Schema: Indikativ 1-11 (Gericht und Gnade); Imperativ 12-15 (Wandel). Der Imperativ wird in 12,1 durch ein ou=n-paräneticum eingeleitet.

Anmerkungen zur Theologie und Ethik: Der Römerbrief behandelt viele theologische Themen. In Auswahl:

A. Er redet über die Offenbarung: Natürliche Offenbarung (durch Natur und Gewissen) ist theoretisch möglich (1,18-20; 2,12-16), dennoch sind alle Sünder; Gott offenbart sein Gericht (Zorn 1,18); durch das Evangelium wird die Gnade Gottes offenbart (1,16f). B. Über den Glauben: Gott rechtfertigt die Menschen durch den Glauben an Jesus Christus (3,21-31). Der Glaube Abrahams wird thematisiert (K. 4). C. Absolute Freiheit Gottes (Röm 9). D. Die ganze Schöpfung sehnt sich nach der Erlösung (8,18-23). E. Anthropologie - Sünde - Rechtfertigung: Alle Menschen, Heiden und Juden sind Sünder (1,18-3,20); Rechtfertigung aller sündigen Menschen durch Christus (5,12-21); im Bereich der Sünde kann auch die Tora nicht zum Leben führen (7,1-25); die Glaubenden sind - frei von der Herrschaft der Sünde - zum Dienst für die Gerechtigkeit bestimmt (6,12-23). F. Die Taufe ist Taufe in den Tod Christi. G. In der Ekklesia gibt es verschiedene Geistesgaben (Charismenliste 12,3-8). H. Durch den Hl. Geist sind die

Glaubenden befreit zum Leben in der Gotteskindschaft (8,1-27). I. Verhältnis der Völker und Israels untereinander in Bezug auf das Heil (Röm 9-11). J. Ethik: Ansatz und Anliegen christlicher Ethik (12,1f); Feindesliebe (12,9-21); Verhalten gegenüber den politischen Gewalten (13,1-7); Gebotserfüllung als Kennzeichen der Liebe (13,8-10); Motivierung der christlichen Ethik durch die Parusie (d. h. durch die Hoffnung und Zukunft, 13,11-14).

Innerneutestamentliche Bezüge zu(r) Rom/römischen Gemeinde: In Rom endet nach der Apostelgeschichte das paulinische Apostolat. Über Ankunft und Verkündigung des Paulus in Rom berichtet Apg 28,14-31. Vorausgegangen war der von Paulus „im Geist" gefasste Plan zur Romreise (19,21) und die Ankündigung „des Herrn", dass Paulus nicht nur in Jerusalem, sondern auch in Rom sein Zeuge sein werde (23,11). Die paulinische Verkündigung ruft in der jüdischen Gemeinde Roms Uneinigkeiten hervor (28,24f).

1 Korintherbrief

Perikopen (mit Wörtern aus dem Text)		Einheiten	Hauptteile
1,1-3	An die Gemeinde Gottes	Präskript	Briefanfang
1,4-9	Ich danke für die Gnade Gottes	Vorwort (Proömium)	
1,10-16	Ist der Christus zerteilt?	Christus ist uns Weisheit von Gott geworden	Die Weisheit Gottes
1,17-31	Die Torheit der Predigt		
2,1-5	Jesus Christus als Gekreuzigten		
2,6-16	Weisheit unter den Vollkommenen	Diese Weisheit ist nur durch den Geist Gottes zu empfangen.	
3,1-5	Ihr seid noch fleischlich		
3,6-17	Jeder sehe zu, wie er darauf baut	Auf dem Fundament von Jesus Christus muss jeder weise bauen	
3,18-23	So werde er töricht		
4,1-5	Verwalter der Geheimnisse	Paulus als Vorbild für einen Wandel in göttlicher Weisheit	
4,6-16	Ich habe euch gezeugt		
4,17-21	An meine Wege erinnern		
5,1-8	Seines Vaters Frau (Unzucht in der Gemeinde)	Vom richtigen Umgang mit der Sexualität	Sexualität und Essen
5,9-13	Umgang mit Unzüchtigen dieser Welt		
6,1-11	Rechtsstreit		
6,12-20	Euer Leib ein Tempel (über Hurerei)		
7,1-40	Es ist gut, keine Frau zu berühren (über Ehe, Scheidung und Ehelosigkeit)		
8,1-13	Götzenopferfleisch, Ärgernis meinem Bruder	Richtig Essen: Freiheit und Rücksicht	
9,1-18	Das Evangelium kostenfrei machen	Paulus als Vorbild im Verzicht auf Ehe und Lohn (Essenserwerb) durch seinen Dienst	
9,19-23	Ich bin allen alles geworden		
9,24-27	Ich knechte meinen Leib		

10,1-13	Alle aßen dieselbe geistliche Speise	Essen im Gottesdienst (Herrenmahl)	Gottesdienst
10,14-22	Ein Brot, ein Leib sind wir		
10,23-11,1	Opferfleisch, esst alles		
11,2-16	Eine Frau soll sich verhüllen		
11,17-34	Nicht das Herrenmahl essen		
12,1-31	Verschiedene Gaben, ein Geist	Charismata als gottesdienstliche Beiträge	
13,1-13	Glaube, Hoffnung, Liebe		
14,1-25	In Sprachen reden, weissagen		
14,26-33	Alles geschehe zur Erbauung		
14,34-40	Eure Frauen sollen schweigen		
15,1-12	Gleichsam der unzeitigen Geburt	Zeugen der Auferstehung	Auferstehung
15,13-34	Der Erstling der Entschlafenen	Auferstehung der Toten	
15,35-58	Wir werden alle verwandelt	Leibliche Auferstehung	
16,1-4	Sammlung für die Heiligen	Anweisungen	Briefende
16,5-9	Ich werde zu euch kommen		
16,10-12	Timotheus – Apollos (Gesandte des Paulus)		
16,13-14	Seid mannhaft		
16,15-18	Das Haus des Stephanas		
16,19-22	Die Gemeinden Asiens	Gruß und Segen (Postskript)	
16,23-24	Mit meiner, des Paulus Hand		

Thema: Auf Christus als dem gelegten Grund ist die Einheit und Gemeinschaft der Gemeinde begründet. Die Korinther sollen gemeinsam auf das Ziel der Auferstehung ausgerichtet sein. Von diesem Grund her und auf dieses Ziel hin werden verschiedene Fragen, die das richtige Handeln betreffen in drei Themenkreisen (Sexualität, Essen, Gottesdienst) erörtert. Überall steht das Spannungsfeld zwischen Leiblichkeit (Sexualität, Essen von Opferfleisch, Herrenmahl, Gemeinde als Leib Christi) und Geistbegabung (Freiheit im Geist, charismatische Geistesgaben) im Hintergrund. Die Trias Glaube, Hoffnung, Liebe zieht sich wie ein roter Faden durch den Brief. Obwohl die Liebe das höchste Ziel ist (1 Kor 13,13), will Paulus mit diesem Brief vor allem Ordnung herstellen (z. B. 1 Kor 14,33a).

Briefliche Angaben zum historischen Ort: Paulus hat diese Gemeinde während eines eineinhalbjährigen Aufenthalts in der multiethnischen und religiös heterogenen Handels- und Hafenstadt Korinth gegründet. Danach wirkte dort vor allem Apollos (3,6; 16,12). Nach dem Gemeindegründungsaufenthalt des Paulus in Korinth traten in der Gemeinde Missstände und Streitigkeiten auf. In sozialer Hinsicht gab es in der Gemeinde überwiegend „kleine Leute" (1,26), aber auch einige Wohlhabende (11,22), was zu Spannungen führte. Paulus hörte davon und reagierte mit einem ersten Brief (5,9). Mit dem 1 Kor geht er auf neue Probleme ein, von denen er hörte (5,1) bzw. die er durch einen Brief der Korinther vernahm (7,1). Er geht auf Spaltungstendenzen in der Gemeinde und Probleme des Zusammenlebens in der städtischen Gemeinschaft (Mahlgemeinschaft mit Gläubigen und Nichtgläubigen), in der Ehe und in der Gemeindeversammlung ein und korrigiert einen präsentisch missverstandenen Auferstehungsglauben. Zusätzlich sandte er den Timotheus, mit dessen Ankunft in Korinth er aber erst nach Eintreffen des Briefes rechnet (4,17;16,10). Paulus schrieb den 1 Kor in Ephesus gegen Ende seiner Tätigkeit dort (16,7f).

Argumentation: Das Briefkorpus ist in vier Themengebiete gegliedert:

Weisheit Gottes: Die Korinther bemühen sich um geistliche Weisheit und spalten sich dabei fleischlich in verschiedene Parteien. Christus als Gottes Weisheit ist aber unzerteilt und durch ihn als (leiblich) Gekreuzigten geschieht eine Umkehrung der Werte: das, was vor der Welt schwach und töricht ist, hat Gott erwählt. Paulus hat den Gekreuzigten gepredigt - und zwar in Schwachheit. Die Korinther sollen im *Glauben* an Christus und angespornt durch das Vorbild des Paulus auf dem gelegten Grund weiterbauen.

Sexualität und Essen: Der Körper der Gläubigen ist der heilige Tempel Gottes (3,16f; 6,19). Dieser darf nicht verdorben und verunreinigt werden, was durch verschiedene Anweisungen sichergestellt werden soll. Grundsätzlich gilt: „wie Gott einen jeden berufen hat, so wandle er." (7,17) Auch in Ehe- und Essensfragen geht es in erster Linie darum, die Einheit in Christus zu wahren; Paulus verzichtet um der Einheit willen und will darin Vorbild sein.

Gottesdienst: Ebenso soll im Gottesdienst alles der Gemeinschaft dienen (10,24): Beim Essen von Opferfleisch ist die Freiheit des Einzelnen dem Wohl der Gemeinde unterzuordnen. Wer unwürdig das Mahl des Herrn einnimmt, wird am Herrn schuldig und verunmöglicht Gemeinschaft. Die Geistesgaben dienen zum Nutzen und zur Erbauung der Gemeinde (12,7; 14,5). In Glaube, Hoffnung und besonders in *Liebe* (K. 13) soll die Gemeinde vollendet werden.

Auferstehung: Der richtige Lebenswandel (Ethik) und das Feiern von Gottesdiensten sind in *Hoffnung* auf die Wiederkunft Christi ausgerichtet und werden durch diese motiviert (11,26; 15,29-34). Die Auferstehung Christi ist zugleich Ausgangspunkt des Glaubens (wäre er nicht auferweckt worden, so wäre der Glaube nichtig) und erhofftes Ziel von allem (durch Christus ist der Stachel des Todes vernichtet; auch die Gläubigen werden nach ihrem Tod auferstehen; ihre Arbeit im Herrn auf Erden ist nicht vergeblich).

Weitere Beobachtungen: Paulus, der durch den Willen Gottes zum Apostel Berufene (sein Apostolat und seine Stellung werden immer wieder thematisiert – so Kap. 2; 4,9ff; 7,10.12 u.ö.), grüßt die Korinther im Präskript „samt allen denen, die allerorten den Namen unseres Herrn Jesus Christus anrufen – ihres und unseres Herrn". Christus ist also der Einende auch über Distanzen (und Zwistigkeiten) hinweg. Das Proömium nimmt die Themen des Briefes bereits in Kurzform vorweg:

in 1,4-6 Gnade und Wort (vom Kreuz); V. 7 die Gnadengaben (Kap. 12-14) und in enger Verbindung dazu in V. 8 den Tag des Herrn (Kap. 15), auf den hin sie untadelig sein werden (K. 5-14: Paränese). Abgeschlossen wird das Vorwort mit der Betonung des „Berufen zur Gemeinschaft in Christus" (V. 9), dem Grundgedanken des Briefes.

Indikativ-Imperativ(-Indikativ) Schema: Anders als die meisten Paulusbriefe ist 1 Kor nicht in einen lehrhaften und einen paränetischen Teil gegliedert – "Indikativ und Imperativ" erscheinen in verschiedenen Gedanken immer wieder abwechslungsweise. So findet sich bereits in 1,10 das erste „ich ermahne euch". Dennoch wird der Indikativ in K. 1-4 (das, was den Gläubigen mit Christus als Gekreuzigtem - ihrem Fundament - gegeben ist) und in K. 15 (das, was ihnen mit der Auferstehung gegeben ist und noch gegeben wird) besonders betont. In der Paränese dazwischen (K.5-14) liegt das Schwergewicht beim Imperativ.

Anmerkungen zur Theologie und Ethik: A Von Gott: Die Weisheit Gottes ist Christus, der Gekreuzigte (1,10-4,21). B Von der Erlösung: Kreuzestheologie (1,18ff). C Von den Heilsmitteln: Abendmahl (10,1-11,34). D Von der Kirche (de ecclesia): Die Kirche als Pflanzung: Die Apostel pflanzen und begießen nur, das Gedeihen kommt von Gott (3,5-8). E Die Kirche als Bau Gottes, deren Fundament Christus ist (3,9-15); die Gemeinde als Tempel Gottes (3,16-17). F Von den letzten Dingen (eschata): leibliche Auferstehung Christi als Fundament des Glaubens und leibliche Auferstehung der Gläubigen als Ziel der Hoffnung (15,1-58). G Ethik: Umgang mit der Sexualität und Essen (5,1-9,27); Verhalten im Gottesdienst (10,1-14,40); der Lebenswandel nach den Geboten (K. 5-14) ist die Grundlage für die Liebe (K. 13).

Innerneutestamentliche Bezüge zu Korinth: Apg 18,1-17 berichtet von der Entstehung und den Anfängen der Gemeinde in Korinth durch die Verkündigung des Paulus. Ein Sosthenes, den Paulus in 1 Kor 1,1 als Mitabsender des Briefes nennt, wird in Apg 18,17 als ein Synagogenvorsteher Korinths erwähnt. Auch ein Krispus, nach 1 Kor 1,14 einer der wenigen von Paulus selbst getauften Korinther, wird in der Funktion eines Synagogenvorstehers genannt (Apg 18,8). Apg 18,27f berichtet von einem Empfehlungsschreiben für Apollo an die „Jünger" in Achaja und von dessen Wirken in Korinth. In Röm 15,26 nimmt Paulus u.a. Bezug auf die Gabe der Gemeinden in Achaja für Jerusalem, zu der er in 1 Kor 16,1-4 aufgefordert hatte (vgl. 2 Kor 8;9). Röm 16,23 grüßt Gajus, möglicherweise identisch mit dem gleichnamigen, ebenfalls von Paulus getauften Korinther (1 Kor 1,14), die römische Gemeinde. Er wird von Paulus als „Gastgeber" der ganzen Gemeinde bezeichnet. Nach 1 Thess 1,7.8 war die Gemeinde in Thessalonich Vorbild für die Gläubigen „an allen Orten", von denen - neben Mazedonien - Achaja gesondert erwähnt wird.

2 Korintherbrief

	Perikope	Einheiten/Strukturelemente	Hauptteile
1,1-2	an die Gemeinde Gottes	Präskript	Briefanfang
1,3-11	Gelobt sei Gott	Vorwort	
1,12-24	ich wollte euch schonen	A Paulus' Kommen	
2,1-4	meine Freude ist eure	B Freude-Korinther	Rahmen zum Thema Evangelium B-E (konzentrische Struktur)
2,5-11	wem ihr vergebt, dem auch ich	C Traurigkeit-Buße	
2,12-17	wir sind ein Wohlgeruch	D Mazedonien-Titus	
3,1-3	Ihr seid unser Brief	E Paulus-Korinther	
3,4-18	Mose hängte eine Decke	Evangelium unverhüllt	**Evangelium**
4,1-6	Evangelium unverhüllte	Evangelium: Schatz Gottes in irdenen Gefäßen	
4,7-18	Innerer Mensch wird erneuert		
5,1-10	Lust, den Leib zu verlassen		
5,11-21	Lasst euch versöhnen mit Gott	Das Evangelium	
6,1-10	Diener Gottes in Ängsten	Evangelischer Wandel	
6,11-7,1	Zieht nicht am fremden Joch		
7,2-4	Gebt uns Raum in eurem Herzen	E' Paulus-Korinther	Rahmen zum Thema Evangelium E'-B' (konzentrische Struktur)
7,5-7	Titus tröstete uns	D' Mazedonien-Titus	
7,8-12	ihr seid betrübt worden zur Reue	C' Traurigkeit-Buße	
7,13-16	gefreut über die Freude des Titus	B' Freude-Korinther	
8,1-15	Durch seine Armut reich	Kollekte	**Kollekte**
8,16-24	Eifer des Titus		
9,1-5	Gabe des Segens		
9,6-15	ein fröhlicher Geber		

10,1-6	die Waffen unseres Kampfes	Wahrer Apostel contra Überapostel	**Narrenrede**
10,7-11	„seine Rede ist kläglich"		
10,12-18	die sich selbst empfehlen		
11,1-15	Überapostel	Torheit	
11,16-33	Ich habe mehr gearbeitet	Töricht	
12,1-18	Pfahl im Fleisch	Tor	
12,19-13,10	Wenn ich wieder komme	A' Paulus' Kommen	Briefende
13,11	Übrigens, Brüder, freut euch	Schlussermahnungen	
13,12	mit heiligem Kuss	Grüße	
13,13	Jesus, Gott, Geist	Postskript	

Legende: Die drei Hauptthemen sind **fett** gedruckt.

Thema: Das Apostelamt und seine „Herrlichkeit" in der Niedrigkeit. Evangelium und Apostelamt sind miteinander verwoben.

Briefliche Angaben zum historischen Ort: Paulus verfasst diesen Brief mit Timotheus in Mazedonien (2,13), nachdem der Plan eines Besuches scheiterte (1,15 ff), weil Paulus die Gemeinde in Korinth schonen wollte (1,23). Er plant einen weiterer Besuch. Der 2 Kor zeugt von schweren Krisen im Verhältnis von Paulus und der korinthischen Gemeinde. Paulus nimmt Stellung zu Ereignissen und Vorfällen, die nur unvollständig rekonstruiert werden können. Er reiste bei seinem letzten Besuch von Ephesus nach Korinth (nach 1 Kor). Dieser zweite Besuch endete mit großen Spannungen. Zurück in Ephesus verfasste Paulus den Tränenbrief (vgl. 2,3f; 7,8-12). Titus als Sondergesandter des Paulus hatte besonderes diplomatisches Geschick in der Vermittlung zwischen der Gemeinde in Korinth und Paulus. Paulus verarbeitet in einer Rückschau diesen Konflikt (K. 1-8). Zugleich polemisiert er gegen Verunglimpfungen seiner Person. Gegenspieler (11,22f) des Pls bestritten in Korinth seine Apostelwürde aufgrund seiner „Unterbewertung" charismatischer Erfahrungen (12,1-5; vgl. 5,13) und Taten (12,12f) und seines zuwenig pneumatischen Auftretens (10,2-11; 11,5f; vgl. 13,10). Sie legitimierten sich selbst mit geistlichen Krafttaten und durch geistgewirkte Reden (Pneumatiker). Dadurch wurde Paulus' Autorität untergraben. Mit 2 Kor bereitet er seinen dritten Besuch in Korinth vor (1,23; 2,1; 12,14; 13,1).

Argumentation und Struktur: Das Strukturdiagramm zeigt, dass im 2 Kor drei Hauptthemen (Evangelium, Kollekte, wahrer Apostel) behandelt werden. Das erste Thema wird durch eine große konzentrische Struktur eingerahmt, in deren ersten Element Paulus davon spricht, dass er bei seiner Ankunft durch die Korinther erfreut werden will (B 2,1-4) bzw. durch die Nachricht über sie erfreut worden ist (B' 7,13-16). Mit dem zweiten konzentrischen Element (C 2,5-11; C' 7,8-12) wird der Weg durch Traurigkeit zur Buße angesprochen. Mit dem dritten berichtet Paulus, dass er nach Mazedonien gereist ist, weil er in Troas den Titus nicht getroffen hat (D 2,12-17), bzw. dass er in Mazedonien mit diesem tatsächlich zusammengetroffen ist (D' 7,5-7). Das vierte Element handelt vom besonderen Verhältnis von Paulus und den Korinthern: sie sind der Empfehlungsbrief von Paulus, der in

sein und ihr Herz eingeschrieben ist (E 3,1-3); ebenso sollen die Korinther dem Paulus Raum geben (E' 7,2-4).

In K. 8 und 9 geht Paulus ausführlich auf seine Kollektensammlung für die Gemeinde in Jerusalem bei den von ihm gegründeten Gemeinden ein [Begriffe für die Kollekte: 8,1 charis: freiwillige Gnadengabe / 9,1 diakonia: Dienst(verpflichtung) / vgl. 1 Kor 16,1 logeia: Geldsammlung (von Rechnung abgeleitet)].

In K. 10-12 (sog. Narrenrede s. o. „Tor", „Torheit", „töricht") argumentiert Paulus mit scharfer Polemik gegen die Gegner und ringt eindringlich um die Gunst der korinthischen Gemeinde. Alle drei Themen werden durch Berichte über Pläne von Paulus, nach Korinth zu kommen, eingerahmt. In 1,12-24 berichtet er über seinen nicht realisierten Plan und in 12,19-13,10 (A'; vgl. A 1,12-24) über seinen Plan in Zukunft wieder nach Korinth zu kommen.

Besonderes: Es gibt besondere Spannungen im Brief. In K. 1-9 ist der Ton versöhnlich gestimmt. Es wird eher auf die Konflikte zurückgeblickt. In den K. 8 und 9 legen die Aufforderungen zur Kollekte ein stabiles Verhältnis zwischen der Gemeinde und Pls nahe. Die Narrenrede (K. 10-12) ist hingegen von einem polemischen und ringenden Stil geprägt. Mehrere Themen erstrecken sich jedoch über den ganzen Brief und verbinden die Briefteile miteinander, wie z. B. das Leiden des Apostels und die Hoheit seines Amtes (1,3-11; 2,14-16; 4,16f; 6,3-10; 7,4-6; 11,16-33; 12,7-10; vgl. 8,2), das Thema des „Rühmens" (z. B. 1,12; 5,12; 7,14; 9,3; 10,17; 11,17f; 12,5f) und die besondere Funktion des Titus (2,13; 7,6.13f; 8,6.16.23; 12,18). Auffallend oft spricht Paulus mit „wir".

Indikativ-Imperativ Schema: Dieser Brief folgt nicht dem Indikativ-Imperativ Schema. Jedoch folgt das Thema „Evangelium" diesem Schema: 3,4-5,21 Indikativ; 6,1-7,1 Imperativ.

Anmerkungen zur Theologie und Ethik: A Von der Schrift: Durch den Glauben an Christus werden die Bchstaben des Alten Testaments mit dem Heiligen Geist erfüllt (3,4-18). B Von der Kirche: Die Person des Apostel, sein Apostelamt und das Evangelium sind zutiefst miteinander verwoben. Die Gemeinde kann das Evangelium nicht losgelöst vom Apostel haben. Schwachheit und Leiden gehören zum

Apostelamt dazu (s. Peristasenkataloge in 4,8-14 und 11,23-28). C Von den letzten Dingen: Das Sehnen nach dem Haus im Himmel und der Richterstuhl Christi (5,1-10). D Ethik: Mit einer Kollekte können die Schenkenden Christus nachahmen (Imitatio Christi) und können Gemeinschaft zwischen ihnen und den Beschenkten fördern.

Galaterbrief

Perikopen		Themen der Perikopen	Hauptteile
1,1-5	für unsere Sünden dahingegeben	Präskript: Paulus, ein Gesandter (Apostel) von Gott	Briefanfang: Kein anderes Evangelium
1,6-10	kein anderes Evangelium	Vorwort: Es gibt nur ein einziges, richtiges Evangelium	
1,11-24	von Mutterleibe an berufen	Paulus hat das Evangelium nicht von Menschen empfangen	Selbstbericht: Paulus ist ein anerkannter und bewährter, direkt von Gott berufener Apostel für das Evangelium
2,1-10	nichts zusätzlich auferlegt	aber Menschen haben es bestätigt	
2,11-13	Kephas war verurteilt	und er hat sich in der Krise mit Menschen bewährt	
2,14-21	ich bin mit Christus gekreuzigt	Das Evangelium in Kurzform als Tischrede	
3,1-5	Geist aus Gesetzeswerken?	Geistempfang aus Gesetzeswerken oder aus Glauben?	Beweisführung: Das von Paulus verkündete Evangelium ist schriftgemäß (AT)
3,6-9	aus Glauben Abrahams Söhne	Beweisziel: Gerechtigkeit aus Glauben nicht aus Gesetz	K. 3: Verheißung nicht Gesetz!
3,10-14	erlöst vom Fluch des Gesetzes	Gesetz (Tora) und Propheten beweisen das	K. 4: Kind Gottes nicht Sklave!
3,15-18	bestätigtes Testament	Hebt das jüngere Gesetz die ältere Verheißung auf? Nein!	
3,19-20	Gesetz um der Sünde willen	Das Gesetz hat Überbrückungsfunktion (Mittler)	
3,21-25	Zuchtmeister auf Christus hin	Ist das Gesetz gegen die Verheißung? Nein!	
3,26-29	nicht Jude noch Grieche	Deshalb seid ihr die Erben der Verheißung	
4,1-7	nicht mehr Sklave, Sohn	Sklaven des Gesetzes werden zu Söhnen Gottes	
4,8-11	bestimmte Tage, Monate und Zeiten	Fallt nicht wieder in die Sklaverei.	
4,12-18	eure Augen mir gegeben	Persönlicher Appell: Seid ihr noch Kinder Gottes?	
4,19-20	abermals Geburtswehen		
4,21-31	Abraham hatte zwei Söhne	Entweder Sklavenkinder oder Kinder der Freiheit.	
5,1-6	für die Freiheit freigemacht	Wer sich beschneiden lässt, stellt sich unter das Gesetz	Ethische Konsequenzen des Evangeliums:
5,7-12	sich verschneiden lassen (Sauerteig)	(*Briefanlass: keine Beschneidung von Nichtjuden*)	Das Evangelium führt in die Freiheit vom und in die Freiheit für das Gesetz (Vertrauen auf 1. Fleisch führt in Leidens-vermeidung und Verdammnis; auf 2. den Geist in Leiden und ewiges Leben)
5,13-15	dient einander durch Liebe	Wer liebt, erfüllt das Gesetz	
5,16-26	wandelt im Geist	Wer im Geist wandelt, bringt dessen Früchte	
6,1-6	des anderen Lasten	Wer liebt, lebt auch für den Anderen.	
6,7-10	wer auf Fleisch sät	Entweder durch den Geist oder durch das Fleisch leben	
6,11-17	eine neue Schöpfung	Das neue Leben führt in Leiden	
6,18	Gnade mit eurem Geist	Postskript: Segenswunsch	Briefschluss

Thema: Allein Christus macht gerecht. Die Ergänzung des Erlösungswerkes Christi durch ein weiteres, frommes Werk (Beschneidung der Heidenchristen) steht hingegen unter einem Fluch.

Briefliche Angaben zum historischen Ort: In den von Paulus gegründeten Gemeinden in Galatien (Kleinasien) tauchte die Frage auf, ob Heiden, die an den Juden Jesus als Messias glauben, sich nicht beschneiden lassen müssen, um ganz am Heil Christi Anteil zu haben (vgl. Gal 5,1-12). Paulus, der die Malzeichen Jesu an seinem Leib trägt (6,17), sieht in der Beschneidungsforderung an Heidenchristen eine prinzipielle Gefährdung des ganzen Evangeliums (kein anderes Evangelium 1,6-10).

Argumentation und Struktur: Paulus bekämpft mit diesem Brief radikal solche Beschneidungsforderungen: Wenn Heidenchristen sich beschneiden lassen (Gesetzeswerk), stellen sie durch diese Ergänzung das Erlösungswerk Christi aus Gnade in Frage. Der Glaube an Jesus Christus allein rettet und bedarf keiner Ergänzung durch ein Werk der Tora. Die Grundfrage des Galaterbriefes ist keine theoretische, sondern eine praktische: Beschneidung der Heiden ja oder nein? Es kommt auch nicht wegen einer primär theologischen, sondern einer praktischen Frage zum Konflikt zwischen Paulus und Petrus: Tischgemeinschaft mit Heidenchristen ja oder nein (Gal 2,11-13)? In drei Argumentationsgängen (autobiographisch, schriftorientiert und ethisch) beantwortet und begründet Paulus seine Position „allein Christus macht gerecht" (s. die drei Hauptteile). Er wirft den Beschneidungspredigern vor, dass sie dem Leiden entgehen wollen (Gal 6,12).

Weitere Beobachtungen: Schon im Präskript betont Paulus sein Apostelamt. Im Gegensatz zu anderen Briefen beginnt das Vorwort nicht mit einer Danksagung, sondern mit „ich bin erstaunt". Offensichtlich gibt es bei diesen Gemeinden nichts zu danken, denn alles, sogar ihr Christusglauben ist gefährdet. Paulus weiß nicht, ob ihre Geburt in den Glauben an Christus hinein noch gilt, denn er verspürt wieder Geburtswehen (Gal 4,19).

Indikativ-Imperativ Schema: Indikativ K. 3 und 4; Imperativ K. 5 und 6. Merke: Der Indikativ („allein aus Gnade") wird durch einen falschen Imperativ („beschneide!") gefährdet.

Anmerkungen zur Theologie und Ethik: Gnade und Geist werden allein durch den Glauben empfangen. Werke des Gesetzes können den Glauben weder schenken noch ergänzen. Im Gegenteil: Sie zerstören ihn, wenn der Mensch durch Gesetzeswerke die Gnade und den Geist erwerben will. Denn dann muss er nicht mehr allein auf Jesus Christus vertrauen, sondern kann sich eigener Verdienste rühmen. Der Glauben führt aber zum richtigen Lebenswandel. Die Gläubigen sollen durch den Geist wandeln (5,25) und die Früchte des Geistes bringen (5,22f). Durch ihre Nächstenliebe erfüllen sie das ganze Gesetz (5,13f).

Innerneutestamentliche Bezüge zu den galatischen Gemeinden: Auf der sog. zweiten bzw. dritten Missionsreise hat Paulus nach der Apostelgeschichte die galatischen Gemeinden gegründet bzw. die Gemeindeglieder dort „gestärkt" (Apg 16,6;18,23). Gegenüber der korinthischen Gemeinde verweist er auf seine Anordnungen an die galatischen Gemeinden hinsichtlich der Geldsammlung für Jerusalem, die auch in Korinth gelten sollen (1 Kor 16,1f).

Epheserbrief

Perikopen		Hauptteile	
1,1-2	den Heiligen und Gläubigen	Präskript	Briefanfang (Rahmen)
1,3-14	zum Preise der Herrlichkeit (3x): Dieser Lobpreis bezieht sich in V. 6 auf den Vater, in V.12 auf Christus und in V.14 auf den Geist	Lobpreis	
1,15-23	er erleuchte unsere Augen V. 20-23: Anspielung auf die 3 Themen des 1. Hauptteils: (gesetzt zu seiner Rechten; über jede Gewalt; sein Leib ist die Gemeinde)	Vorwort	
2,1-10	er hat uns mitsitzen lassen (vgl. „gesetzt zu seiner Rechten")	**SITZEN**	INDIKATIV
2,11-22	die zwei zu einem neuen Menschen (sein Leib ist die Gemeinde)		
3,1-13	das Geheimnis des Christus (über jede Gewalt)		
3,14-21	die Erkenntnis übersteigende Liebe des Christus (in Fürbitte: Anspielung auf 2. Teil des Briefes)	Fürbitte und Lobpreis	
4,1-16	wandelt würdig der Berufung (4,1)	**WANDELN** (5x)	IMPERATIV
4,17-32	wandelt in Wahrheit (4,17.21)		
5,1-2	wandelt in Liebe (5,2)		
5,3-14	wandelt als Kinder des Lichts (5,8)		
5,15-6,9	wandelt als Weise (5,15) 5,22 Frauen – Männer 6,1 Kinder – Eltern 6,5 Sklaven – Herren	Haustafel: Die Haustafel ist dem 5. „Wandelt"- Teil zugeordnet.	
6,10-17	die ganze Waffenrüstung Gottes	**STEHEN**	
6,18-20	Flehen für mich	Schlussmahnung / Bitte um Fürbitte	Briefende (Rahmen)
6,21-22	Tychikus	Briefträger	
6,23-24	die unseren Herrn lieben in Unvergänglichkeit.	Postskript	

Thema: SITZEN, WANDELN, STEHEN. Das Thema des Eph ist die volle Gegenwart des Heils in der „Einen" Kirche (Hoheslied der Kirche). Die beiden wichtigsten Aspekte sind die Einheit der Kirche (Überwindung der Trennung zwischen Juden und Heiden) und das präsentische Heil (inklusive präsentische Eschatologie). Aus diesem Indikativ resultiert der Imperativ, richtig zu wandeln und festzustehen wider den Teufel.

Briefliche Angaben zum historischen Ort: Es scheint sich um ein an mehrere Gemeinden gerichtetes Zirkularschreiben zu handeln (Eph ist sehr unpersönlich: Grüße, Reisepläne und persönliche Nachrichten fehlen; „en Epheso" fehlt in wichtigen alten Handschriften). Paulus ist in Gefangenschaft (3,1). Die Adressaten des Briefes sind vor allem Heidenchristen (vgl. Eph 2,11; 3,1; 4,17). Tychikus überbringt den Brief (6,21f).

Argumentation und Struktur: Den äußeren Rahmen der Makrostruktur bilden Briefanfang (Anrede als „hagioi"!) und Briefende. Dem Anfang folgt der Lobpreis Gottes und darauf das Proömium (welches ab V.20 die Themen des 1. Hauptteiles vorwegnimmt). Der *1. Hauptteil* ist Evangelium (Indikativ/Zuspruch). Das zentrale Wort ist SITZEN. Jesus Christus sitzt zur Rechten Gottes und lässt die angesprochene(n) Gemeinde(n) schon jetzt mitsitzen in den Himmelswelten (präsentische Eschatologie: Eph 2,6.8; merke: das Tempus ist Perfekt!), d. h., er spricht ihnen Anteil an der Gnade und am Heil zu. Der Verfasser erinnert im nächsten Abschnitt die Heidenchristen daran, dass ihr Anteil an der Verheißung des Volkes Israel nicht immer gegeben war. Jesus Christus aber hat sie mit Israel in seiner Person (und damit in der Kirche) vereint. Der 1. Hauptteil endet mit Fürbitte und Lobpreis.

Der 2. *Hauptteil* enthält Paränese (Imperativ/Anspruch) und ist weiter unterteilbar in einen Teil „WANDELN" und einen Teil „STEHEN" (Lit.: Weber, Beat, 'Setzen' - 'Wandeln' - 'Stehen' im Epheserbrief, NTS 41, 1995, 478-480.). Das Thema WANDELN ist durch fünf Imperative „wandelt", die je unterschiedlich begründet werden, gegliedert, wobei vor allem der Unterschied der neuen, christlichen Lebensweise gegenüber der alten, heidnischen hervorgehoben wird. Der letzte Abschnitt dieses Hauptteils wird charakterisiert durch das Wort STEHEN, und zwar durch das Stehen in der Waffenrüstung Gottes. Diese hilft den Gläubigen, den finsteren Mächten in der Welt und im Himmel zu widerstehen.

Indikativ-Imperativ Schema: Der Brief folgt explizit diesem Schema (s. o. Diagramm).

Anmerkungen zur Theologie und Ethik: Der Eph entfaltet eine explizit trinitarische Theologie (s. o. Diagramm 1,3-14; vgl. 1,17). Er enthält ein besonderes, räumliches Weltbild (Christologie/Ekklesiologie/Kosmologie): Gott und Jesus Christus zu seiner Rechten thronen im Himmel. Die Menschen und Toten sind unten auf der Erde. Dazwischen gibt es eine Sphäre mit Engeln und dämonischen Mächten. Die Gemeinde wird räumlich als Leib Christi beschrieben und Christus ist das alles überragende Haupt dieser Gemeinde. Der Leib Christi verbindet Himmel und Erde (Haupt im Himmel – Gemeinde-Körper auf Erden). Die Gemeinde hat so schon Anteil am Himmel. In der Kirche werden Juden und Heiden eins. Ethik: Eph fordert fünfmal zum richtigen Wandel auf (s. o. Diagramm). Geistesfülle (5,18) und Haustafelethik (5,21ff) gehören zusammen.

Philipperbrief

Strukturdiagramm	THEMEN

1,1-2 samt Vorstehern und Diakonen	BRIEFKOPF
1,3-11 Mitteilhaber der Gnade **Gemeinschaft**	VORWORT

(3,1a   Freut euch **Freude**)

1,12-26 Leben Christus, Sterben Gewinn *Paulus im Gefängnis*	3,1b-16 alles für Dreck achten SELBSTBERICHT
1,27-30 Wandelt würdig des Evangeliums	3,17-21 Seid meine Mitnachahmer ALLGEMEINE ERMAHNUNG
2,1-4 erfüllt meine Freude	4,1-3 Euodia und Syntyche *Konkurrenzkampf unter Leitern* GESINNUNG CHRISTI
2,12-18 mit Furcht und Zittern	4,4-9 Freut euch allezeit UNVERFÜGBARKEIT DES HEILS
2,19-30 Epaphroditus war krank *2 Briefträger*	4,10-20 Ich habe alles empfangen *Dank für Unterstützung* KORRESPONDENZ

2,5-11 seid gesinnt wie Christus **Gesinnung Christi**

3,1a   Freut euch **Freude**

4,21-23 Haus des Kaisers	BRIEFSCHLUSS

Legende: s. unter Thema

Thema: Paulus schreibt diesen Brief aus fünf situationsbedingten Anlässen (*kursiv* gedruckt im Diagramm): 1. Er berichtet über sein Ergehen in der Gefangenschaft; 2. Er will Timotheus bald zu ihnen senden; 3. Er sendet jetzt (mit diesem Brief) den Epaphroditus zurück; 4. Er schlichtet einen Streit (Konkurrenzkampf) zwischen Gemeindeleiterinnen; 5. Er dankt für die materielle Unterstützung der Philipper. Diese Unterstützung hat ihre Gemeinschaft vertieft. Er systematisiert den ganzen Briefinhalt unter die Themen Gemeinschaft, Gesinnung Christi und Freude (**fett** gedruckt im Diagramm). Wo selbstlos gegeben und mit Freuden Gegebenes empfangen wird, entsteht wahre Gemeinschaft. Eine solche Gemeinschaft gibt es zwischen Paulus und den Philippern. Er freut sich und fordert auch sie zur Freude zu jeder Zeit auf. Aus dieser Gemeinschaft heraus hat Paulus die Spenden von der Gemeinde in Philippi in Freude angenommen (Phil 4,10-20). Zugleich malt er ihnen mit dem sogenannten Philipperhymnus 2,6-11 den Weg Jesu Christi zum Kreuzestod und von dieser absoluten Erniedrigung in die totale Erhöhung als Vorbild vor Augen: Jesus Christus hat sein Recht aufgegeben, Gott gleich zu sein, hat Sklaven- (Knechts)gestalt angenommen und war gehorsam bis zum Tod. Darum hat ihn Gott über alles erhoben. Die Philipper sollen gemeinsam mit Paulus dem Vorbild Christi nacheifern. Dies ist der herzlichste Brief des Paulus und sehr persönlich gehalten.

Briefliche Angaben zum historischen Ort: Nach der Apg wird die Gemeinde in Philippi von Paulus als erste Gemeinde Europas gegründet (vgl. Apg 16,11ff). In dieser Gemeinde gibt es vor allem Heidenchristen (Unbeschnittene; vgl. 3,2f). Paulus befindet sich beim Schreiben des Phil wahrscheinlich in Rom in Gefangenschaft (1,7.13.17; vgl. das Prätorium 1,13 und die Grüße der Heiligen aus dem Haus des Kaisers Phil 4,22). Er rechnet mit einer baldigen Entscheidung (2,23), hält Tod oder Freispruch für möglich (1,19-24), hofft aber auf einen guten Ausgang (1,25). Die Gefangenschaft hindert ihn jedoch nicht an der Verkündigung des Evangeliums (1,12). Aus Philippi erhält Paulus materielle Unterstützung durch Epaphroditus (4,18), für welche er dankt (4,10-20). Epaphroditus erkrankt am Haftort des Paulus schwer und wird nach seiner Genesung mit diesem Brief an die Philipper zurückgeschickt (2,25-28). Paulus selbst plant die Gemeinde in Philippi zu besuchen (1,26; 2,24), doch ist der Ausgang seiner Gefangenschaft noch unsicher. Sobald Paulus Genaueres weiß, will er Timotheus schicken, um der Gemeinde zu melden, wie es ihm geht und um zu erfahren, wie es um die Gemeinde in Philippi steht (2,19-23).

Argumentation und Struktur: Mit dem Vorwort wird vor allem das Thema Gemeinschaft (Koinonia) angekündigt (z. B. 1,5.7). Im Briefkorpus aber stehen sich zwei thematische Zentren gegenüber: Selbsthingabe in der Liebe Christi und allzeitige Freude. Zugleich geht Paulus auf fünf situationsbedingte Briefanlässe ein. Der Brief zeigt innerhalb des Briefkorpus eine parallele Struktur. Nach einer ersten Behandlung der fünf Themen folgt (nach der Ankündigung in 3,1: Paulus ist es nicht peinlich, dieselben Dinge nochmals zu schreiben) ein zweiter, paralleler Durchlauf durch diese Themen (diese werden in der rechten Spalte des Diagramms GROSS angegeben).

Selbstbericht:

1,12-26: Paulus schreibt, dass seine Gefangenschaft zur Verbreitung des Evangeliums beigetragen hat. „Das Leben ist für mich Christus und das Sterben Gewinn"(1,21).

3,1b-16: Paulus will sich in Christus rühmen und nicht auf das Fleisch vertrauen. Paulus hätte allen Grund auf seine jüdische Herkunft zu vertrauen, er hält alles für Verlust um der Erkenntnis Jesu Christi willen (3,8).

Allgemeine Ermahnung

1,27-30: Die Philipper sollen des Evangeliums würdig wandeln und in einem Geist und mit einer Seele zusammen für das Evangelium kämpfen.

3,17-21: Als Nachahmer des Paulus setzen sie ihre Erwartungen auf den Herrn Jesus Christus, der ihren Leib der Niedrigkeit umgestalten wird und alle Dinge unterwirft (3,20f).

Gesinnung Christi:

2,1-11: Die Christen in Philippi sollen die Freude des Paulus erfüllen, indem sie mit einer Gesinnung zusammenstehen und demütig sind. Als Vorbild für ihre Gesinnung soll ihnen Jesus Christus dienen.

4,1-3: Offenbar muss es in der Gemeinde kleinere Spannungen gegeben haben: Paulus ermahnt zwei Frauen, sie sollen dieselbe Gesinnung haben im Herrn.

Unverfügbarkeit des Heils

2,12-18: Die Philipper verfügen nicht über ihr Heil - Gott ist der Anfänger und Vollender -, deshalb sollen sie mit Furcht und Zittern daran arbeiten.

4,4-9: Weil die Philipper nicht über ihr eigenes Heil verfügen müssen, dürfen sie alle ihre Sorgen mit Dank vor den Herrn bringen, ungehindert den guten Charaktereigenschaften nachstreben und sich zu jeder Zeit im Herrn freuen.

Korrespondenz

2,19-30: Paulus möchte Timotheus, der ein sehr uneigennütziger Mann ist, nach Philippi senden. Mit diesem Brief sendet er Epaphroditus in seine Gemeinde zurück, nachdem dieser totkrank gewesen und genesen ist. Die Gemeinde soll dadurch wieder froh werden.

4,10-20: Paulus dankt für die Gabe, die er durch Epaphroditus von den Philippern erhalten hat.

Besonderes: Paulus bezeichnet sich in 1,1 als Sklave (Knecht) Christi. Wie Christus im Hymnus Sklave wird, gibt auch er selber alles auf (wenn es sein muss sogar sein Leben), wenn nur Christus dadurch groß gemacht wird (1,20f). Christus wird den Leib der Heiligen nach deren Tod umgestalten, seinem Leib gleich (3,21), so wie auch Gott Jesus, nachdem er sich erniedrigt hatte und gehorsam war, wieder erhob. Alle Aussagen des Briefes sind durchdrungen vom Vorbild Christi, wie es im Hymnus entfaltet wird.

Indikativ-Imperativ- Schema: Kaum vorhanden.

Anmerkungen zur Theologie und Ethik: A. Christologie: Der Weg Jesu Christi aus der gottgleichen Präexistenz durch die Kenosis (Selbstentäußerung) zum Sklaven und Menschen bis hin zum Tod am Kreuz und seine Erhöhung durch Gott zur Machtfülle Gottes (Namen über allen Namen) wird im Philipperhymnus gepriesen (2,6-11). B. Eschatologie: Die Erwartung der Parusie prägt den ganzen Brief (1,6.10; 2,16; 3,20b; 4,5b). Durch Teilhabe an den Leiden Jesu Christi (Nachfolge) gelangt der Glaubende zur Auferstehung von den Toten (3,10f). C. Von der Kirche: Vorsteher (Bischöfe) und Diakone als Leiter der Gemeinde (1,1). D. Nachfolge: Die Gläubigen sind zur imitatio Christi (Nachfolge nach dem Vorbild Christi und seines Weges = Liebe!) aufgerufen (1,27; 2,5; 3,17). Dies beinhaltet auch Leiden für Christus (1,29) und für andere (2,17). Doch das Leiden für Christus und die hier so betonte Freude im Herrn gehören zusammen (1,4.18.25; 2,2.18.28f; 3,1; 4,1.4.10).

Innerneutestamentliche Bezüge zu Philippi: Apg 16,11-40 berichtet von der Entstehung der ersten europäischen Gemeinde in Philippi und dem Ergehen des Paulus und Silas dort: Aufgrund des Vorwurfs, Unruhe in der Stadt zu stiften, werden sie geschlagen und ins Gefängnis geworfen. 1 Thess 2,2 spielt auf diese Misshandlungen an. Das besonders enge Verhältnis des Paulus zur Gemeinde in Philippi äußerte sich u.a. darin, dass Paulus materielle und personelle Unterstützung von dieser Gemeinde annahm (Phil 4,15f.18; vgl. 2 Kor 11,8f). In 2 Kor 8,1ff kann Paulus der Gemeinde in Korinth die Großzügigkeit der mazedonischen Gemeinden im Hinblick auf die Sammlung für die Jerusalemer Gemeinde vor Augen halten (vgl. Röm 15,26). Auf seinem Weg nach Jerusalem macht Paulus zweimal in Philippi Halt (Apg 20,1.6; vgl. 2 Kor 2,12f; 7,5).

Literatur zur Struktur: Wick, P., Der Philipperbrief. Der formale Aufbau des Briefs als Schlüssel zum Verständnis seines Inhalts. BWANT 135, Stuttgart u. a. 1994.

Kolosserbrief

Perikopen		Einheiten	Hauptteile
1,1-2	den heiligen und gläubigen Brüdern	Präskript	Briefanfang
1,3-8	Liebe wegen der Hoffnung (beachte: Glaube, Hoffnung, Liebe)	Proömium Im Dank Hinweis auf den Indikativ-, in der Bitte auf den Imperativteil des Briefes	
1,9-14	mit der Erkenntnis seines Willens (Bitte)		
1,15-23	Bild des unsichtbaren Gottes	Christus, das Geheimnis Gottes	Indikativ
1,24-29	Christus in euch – jeder Mensch in Christus		
2,1-5	Geheimnis Gottes: Christus		
2,6-7	wie empfangen, so wandelt	Freiheit vom alten Wandel	Imperativ
2,8-15	dass niemand euch einfange durch die Philosophie		
2,16-19	wegen Speise oder Trank		
2,20-23	was unterwerft ihr euch Satzungen		
3,1-4	sucht, was droben ist	Neuer Wandel	
3,5-11	Tötet eure Glieder		
3,12-17	Zieht an als Auserwählte		
3,18-4,1	Frauen, Kinder, Sklaven	Haustafel	
4,2-4	Haltet fest am Gebet	Schlussmahnungen	
4,5-6	kauft die Zeit aus		
4,7-9	Tychikus mit Onesimus (vgl. Phlm)	Briefträger	Briefschluss
4,10-18	Epaphras, Archippus 4,18	Postskript	

Thema: Jesus Christus, der Sohn und das Geheimnis Gottes, ist vor allem und alles ist durch ihn und zu ihm hin geschaffen (Kol 1,16f). Die Gläubigen waren einst entfremdete Feinde. Aber er hat sie versöhnt in seinem irdischen Leib und zu dem Leib gemacht, von dem er das Haupt ist, nämlich zur Gemeinde (Kol 1,18.21-22.24). Christus ist in ihnen (1,27). Alle Menschen sollen in Christus dargestellt werden (1,28). Deshalb sollen die Gläubigen nach oben auf Christus hin wandeln (3,1f).

Briefliche Angaben zum historischen Ort: Paulus verfasst diesen Brief in Gefangenschaft zusammen mit Timotheus an einem ungenannten Ort (1,24; 4,3.18; 4,10 Mitgefangener Aristarch). Tychikus überbringt den Brief (4,7). Der Schreiber wird nicht ausdrücklich genannt; Paulus grüßt mit eigener Hand in 4,18. Epaphras, ein Gemeindeglied aus Kolossä und möglicherweise sogar der Gründer dieser Gemeinde, berichtete Paulus im Gefängnis über die Situation in Kolossä (1,7f; 4,12; vgl. Phlm 23: Epaphras als Mitgefangener). Paulus warnt die Gemeinde vor Lehrern der Philosophie und Weltmächten (2,8.20), die Engel verehren (2,18) und gewisse jüdische Praktiken (Beachtung bestimmter Tage und Speisegebote 2,16.21) fordern, welche doch nur ein Schatten des Zukünftigen sind. Denn durch Christus ist dieses Zukünftige schon ein realer Leib (Körper) geworden. Die Gläubigen sollen überall einen Gott wohlgefälligen Wandel führen (2,6ff).

Argumentation und Struktur: Das Korpus ist in fünf Abschnitte unterteilt:

1. *Christus, das Geheimnis Gottes:* Die Grundlage der Argumentation bildet der sog. Christushymnus (Kol 1,15-20), mit dem gepriesen wird, dass allein in Jesus die Fülle Gottes wohnt und er Herr über alles ist. Alles ist durch ihn und zu ihm geschaffen. Es wird auffallend oft von Erkenntnis, Weisheit und Verständnis gesprochen und dies auf das Unsichtbare, das Verborgene und das Geheimnis Gottes bezogen.
2. *Freiheit vom alten Wandel:* In dieser Erkenntnis sollen die Gläubigen nun wandeln und sich nicht durch die Reden und die Philosophie der Gegner irreführen lassen, die einerseits Beschneidung, Einhaltung der Speisevorschriften bzw. Feiertage und Befragung der Elemente

verlangen, andererseits Engelverehrung und falsche Askese betreiben. Denn die Gläubigen sind in Jesus frei von diesen Dingen.
3. *Neuer Wandel:* Nachdem Paulus erläutert hat, wonach sich die Gemeinde nicht richten soll, sagt er ihnen nun, wie der neue Wandel auszusehen hat, der ebenso wie die Freiheit vom alten Wandel seinen Ursprung in der Erkenntnis des verborgenen Gottes, Jesus Christus, hat. Auch hier spielt Paulus mit der Spannung zwischen Verborgenem und der Offenbarung.

Der Abschnitt 3,5-17 gliedert sich in zwei Teile, die jeweils mit parallel gebauten Satzgliedern beginnen: „Tötet eure Glieder" und „zieht an als Auserwählte" (Kol 3,5 u. 12). Der erste Teil beinhaltet zwei Lasterkataloge (V. 5 u. 8), der zweite einen Tugendkatalog (V. 12). Alle drei Kataloge bestehen aus fünf Gliedern.
4. *Haustafel:* Während die Anweisungen im vorigen Abschnitt von allgemeiner Art waren, werden die der Haustafel spezifisch an die Glieder des (teilweise) christlichen Hauses (Frauen/Männer, Kinder/Väter, Sklaven/Herren) gerichtet.
5. *Schlussmahnungen* zum Gebet und zum Wandel in Weisheit gegenüber den Nichtchristen.

Weitere Beobachtungen: Der Herrschaftsbereich Christi ist allumfassend, er umschließt vom Kosmos bis hin zur Familienordnung alles. In Christus liegt alle Weisheit/Erkenntnis beschlossen. Es gibt keine anderen Quellen neben ihm, so dass die Gegner nur eine scheinbare Weisheit verkünden. Mit dieser Voraussetzung wird der ganze Brief begründet. Diese Begründung führt zum Imperativ „wie empfangen, so wandelt" und „sucht, was droben ist". Der Dank des Proömiums weist auf den Indikativteil hin: Glaube, Liebe und Hoffnung werden angesprochen. Die Bitte im Proömium weist mit verschiedenen Wörtern auf die Erkenntnis (Weisheit, Verständnis) hin, um die es Paulus in diesem Schreiben geht, und aus der der richtige Wandel folgen soll.

Indikativ-Imperativ Schema: Der Brief folgt explizit diesem Schema (s. o. Diagramm).

Anmerkungen zur Theologie und Ethik: A. Christologie: Im 1,15-20 eingearbeiteten Christushymnus wird Christus gepriesen als a) Schöpfungsmittler (1,15-17), b) Erlösungsmittler (1,18b-20), c) Haupt der Gemeinde (1,18a). B. Vom Glauben: Die Gläubigen sind durch den Tod des Leibes Christi versöhnt (1,21.22) und durch den Glauben aus der Kraft Gottes mit Christus auferstanden (2,12). C. Von den Heilsmitteln: Die Taufe ist ein Begräbnis. C. Ethik: Regeln über Speise, Feste und Neumonde sind „nur Schatten des Zukünftigen" (2,17) und „Menschengebote" (2,22). Es zählt, was droben ist, wo Christus ist (3,1-4). Deshalb sollen sie den alten Menschen ausziehen mit seinen Werken: „Zorn", „Unzucht", „schandbare Worte", etc. (3,5-9) und den neuen Menschen nach dem Bild des Schöpfers anziehen: „Erbarmen, Freundlichkeit, Demut,...,Liebe" (3,10-15). Unterschiede zw. Griechen und Juden, Beschnittenen und Unbeschnittenen, Knechten und Freien gelten nicht mehr, sondern „alles und in allem Christus"(3,11).

Sozialethische Weisungen für die Häuser, die zur Gemeinde gehören, auch christliche Haustafeln (3,18-4,1). Verhalten gegenüber Außenstehenden (4,5.6): Die Zeit soll ausgenutzt werden, um ihnen das Wort mit Weisheit und Würze zu verkünden.

Innerneutestamentliche Bezüge zu Kolossä: Die Gemeinde in Kolossä wird in keiner anderen neutestamentlichen Schrift erwähnt. Aus der Vielzahl der Mitarbeiter des Paulus, von denen Aristarch, Markus, Lukas, Demas und Epaphras auch in der Grußliste Phlm 23f. genannt werden (vgl. Kol 4, 10.12-14; siehe auch 2 Tim 4,10f), stammen Epaphras und Onesimus (vgl. Phlm 10-12 mit Kol 4,9) aus Kolossä (Kol 4,9.12).

1 Thessalonicherbrief

1,1	Silvanus	Präskript
1,2-10	eure Auserwählung 3 **Glaube, Liebe, Hoffnung**; 5 Missionsaufenthalt des Paulus **(Unser Eingang bei euch)**; 9 **Unser Eingang bei euch**; Bekehrung **(Glaube)**, Gott dienen **(Liebe)**, 10 warten auf den Sohn **(Hoffnung)**.	Vorwort I (Proömium I) 1-10 Erzeugung von Wohlwollen (capt. benevolentiae): Großes Lob der Thessalonicher. 8c Herstellung von Aufmerksamkeit (attentos facere): Eigentlich muss Paulus den Thessalonichern zu den Themen dieses Briefes gar nichts schreiben. 9f Herstellung von Empfänglichkeit (docilem f.): Inhaltsangabe 2x die 4 Hauptthemen, in 3-5 und in richtiger Reihenfolge in 9f: Unser Eingang bei euch, Glaube, Hoffnung, Liebe. Bitte und Zweckangabe fehlen (diese erst in 3,9-13).
2,1-12	unser Eingang bei euch	**Unser Eingang**
2,13-16	aufgenommen als Gottes Wort	**Glaube**
2,17-20	wollten zu Euch kommen	
3,1-8	wir sandten Timotheus, um euch zu befestigen	
3,9-13	zu vollenden, was an eurem Glauben mangelt (10 Wiedersehenswunsch = **zukünftiger Eingang bei euch**; **Glaube**; 12 **Liebe**; 13 **Hoffnung**)	Vorwort II (Proömium II) Wieder Inhaltsangabe. Nun aber auch Bitte und Zweckangabe für den Brief, der doch sehr wichtig ist: Glauben zu vollenden, Liebe zu vermehren, Hoffnung zu festigen. Der Brief ist unbedingt notwendig (Gegensatz zu 1,8c), da Paulus nicht selber wieder kommen konnte. Keine Dankesbegründung = Beispiellos für Paulus (diese in 1,2-10).
4,1-8	Gottes Wille: Eure Heiligung	**Liebe**
4,9-12	Bruderliebe	
4,13-18	über die Entschlafenen	**Hoffnung**
5,1-3	Zeiten und Zeitpunkte	
5,4-11	lasst uns wachen (5,8 **Glaube, Liebe, Hoffnung**)	
5,12-22	die unter euch arbeiten (vgl. 4,9ff; Hebr 13)	Schlussermahnungen
5,23-24	heilige Euch völlig	Postskript
5,25-28	allen Brüder vorgelesen	

Thema: In diesem Brief geht es um folgende vier Hauptthemen: 1. Der Besuch des Paulus bei den Thessalonichern; 2. Glaube; 3. Liebe; 4. Hoffnung. Zu 1. Paulus erwähnt lobend, wie die Thessalonicher sowohl ihn und seine Mitarbeiter als auch das Evangelium und den Glauben aufgenommen haben, und dass er sie unbedingt wieder besuchen will, um seine Arbeit bei ihnen vollenden zu können. Zu 2. Der Glaube, den die Thessalonicher angenommen haben. Bei einem zukünftigen Besuch will Paulus ergänzen, was daran noch fehlt (3,10). Zu 3. Ihre durchaus vorhandene (3,6) Liebe untereinander und zu jedermann soll noch wachsen. Unter Liebe subsumiert Paulus vor allem die Bruderliebe (4,9ff) und den Gebotsgehorsam (4,2ff). Liebe ist hier der Sammelbegriff für die Ethik. Zu 4. Hoffnung: Bei der eschatologischen Ankunft des Herrn haben diejenigen Gläubigen, die entschlafen sind, keinen Nachteil gegenüber den Lebenden. Der Tag des Herrn kommt wie ein Dieb, wie die Thessalonicher wissen (vgl. Jesuswort: Mt 24,36.42-44), deshalb sollen die Thessalonicher wachen.

Briefliche Angaben zum historischen Ort: Paulus schreibt diesen Brief mit Silvanus und Timotheus an die Gemeinde in Thessalonich (1,1), die er nach seinem leidvollen Besuch in Philippi (2,2) gegründet hat, und von der aus er die Mission von Griechenland in Angriff genommen hat (1,7f). Unterdessen blieb die Gemeinde nicht von Leiden und Verfolgung verschont (1,6; 2,14). Seit seiner Abreise wollte er zweimal zu ihnen (zurück) gehen (2,18), wurde aber von Satan gehindert. Deshalb schickte er in Athen Timotheus zu ihnen zurück. Auf dessen grundsätzlich positiven Bericht hin, verfasst Paulus nun diesen Brief (3,2.6) und betet intensiv um eine Gelegenheit zum Besuch (3,10f).

Argumentation und Struktur: Grundsätzlich ist der Brief sehr einfach strukturiert. Die vier Hauptthemen (s. o.) folgen aufeinander. Das Besondere dieses Briefes aber ist, dass sich zwei Vorworte (Proömien; briefliche Danksagungen) in ihm finden, die sich gegenseitig bedingen und ergänzen. Im Vorwort I gibt Paulus keinen Briefzweck an. Im Gegenteil: Von den Thessalonichern ist das Evangelium nach Mazedonien und Achaja (Peloponnes) gedrungen, so dass sogar die Gläubigen dort berichten, welchen Eingang Paulus bei den Thessalonichern gehabt hat, und wie vorbildlich sie glauben

(Bekehrung), lieben und hoffen (die vier Hauptthemen des Briefes). Deshalb sagt Paulus, es sei eigentlich nicht nötig, den Thessalonichern etwas zu den vier Briefthemen zu sagen. Dieses „eigentlich ist es unnötig, euch diesen Brief zu schreiben" Motiv zieht sich durch den ganzen Brief: 4,9 und 5,1 „so habt ihr nicht nötig, dass man euch schreibt/euch geschrieben wird"; 2,1.5.9.10.11; 3,3; 4,1.2; 5,1.11: Formulierungen wie „(Denn) ihr wisst ja"; "wie ihr (selbst) wisst"; „ihr erinnert euch"; „wie ihr auch wandelt/tut". Eine rhetorische Spannung dazu aufbauend betont Paulus mit dem zweiten Vorwort (3,9-13), wie sehr dieser Brief nötig ist. Sein Zweck ist, einen zukünftigen Besuch des Paulus in Thessalonich vorwegzunehmen, den Glauben zu ergänzen, ihre Liebe zu mehren und ihre Hoffnung zu stärken. Auch dieses Motiv durchzieht den Brief: 3,2 „ ... um euch zu befestigen und zu trösten"; 4,1 „ ... bitten und ermahnen wir euch" (ähnlich 4,10; 5,11.14); 4,13 „Wir wollen euch aber nicht in Unkenntnis lassen ...."; 5,27 „Ich beschwöre euch bei dem Herrn, dass der Brief allen Brüdern vorgelesen werde". Offensichtlich ist der Brief doch sehr, sehr wichtig.

Beide Vorworte sind je für sich unvollständig, wie ein Vergleich mit den anderen paulinischen Briefproömien zeigt: Das Fehlen der Dankesbegründung im Vorwort II und das Fehlen einer Funktions- bzw. einer Zweckangabe und einer Bitte oder einer entsprechenden Verheißung in Vorwort I sind einzigartig. Beide zusammen ergänzen sich jedoch gegenseitig: Nach Vorwort I ist der Brief unnötig, nach Vorwort II äußerst wichtig. Der Grund für diese rhetorische Spannung liegt im Ziel des Briefes, zu trösten und zu ermahnen. Indem Paulus zuerst sagt, dass seine Adressaten in ihrem Verhältnis zu ihm, im Glauben, in der Liebe und in der Hoffnung schon vorbildlich sind, lobt und tröstet er sie sehr. Durch diesen Aufbau wird die Trostwirkung durch die eher nach hinten verschobene Ermahnung möglichst groß gemacht, und damit auch jene optimal vorbereitet. Deshalb besteht das erste Proömium nur aus lobenden, das zweite aber vor allem aus mahnenden Elementen. „Seelsorgerliches Konzept" im Aufbau, nämlich zuerst positive Feststellung des schon Vorhandenen: Vor allem „unser positiver Eingang bei euch" und „euer Glaube"; dann erst folgt die weiterführende Korrektur vor allem zur Liebes- und Hoffnungsthematik.

Indikativ-Imperativ Schema: Dieser Brief folgt mehr oder weniger deutlich einem Indikativ-Imperativ Schema (Indikativ K. 2-3 / Imperativ K. 4-5; Imperativ wird in 4,1 eingeleitet durch ou=n-paräneticum).

Besonderes: Paulus hat die Thessalonicher bei seinem Besuch Worte und Gebote Jesu gelehrt (4,1f; 5,2).

Anmerkungen zur Theologie und Ethik: Die *Theologie des Paulus* ordnet sich hier um die Triade von Glaube, Liebe, Hoffnung. In 1 Kor 13,13 Glaube, Hoffnung, Liebe. Während Liebe in 1 Thess auch die grundlegende Gebotsethik (4,2) umfasst und diese durch die eschatologische Hoffnung motiviert, wird die Gebotsethik in 1 Kor unter der Hoffnung subsumiert; die Liebe steht dort für die Selbsthingabe, die jedes Gebot übertrifft. *Von den letzten Dingen (Apokalyptik/ Eschatologie):* Wiederkunft Christi vom Himmel her begleitet von Erzengelstimme und Posaune, dann Auferstehung der im Glauben Gestorbenen, darauf Entrückung der noch lebenden Gläubigen in die Luft dem Herrn entgegen. Da niemand weiß, wann der Tag des Herrn kommt, sollen die Gläubigen wachen mit Glauben, Liebe, Hoffnung (5,8). *Ethik:* Die eschatologische Hoffnung ist Motivation für ethisches Handeln in der Gegenwart (5,11).

Innerneutestamentliche Bezüge zu Thessalonich: Apg 17,1-10 erzählt von der Verkündigung des Paulus in der Synagoge von Thessalonich, die unterschiedliche Reaktionen hervorruft. Während sich einige der Gemeindeglieder und Gottesfürchtige, darunter angesehene Frauen, Paulus und Silas anschließen, versuchen andere Gemeindeglieder gegen diese zu opponieren, so dass sie von „Brüdern" nach Beröa geschickt werden. Aber auch von dort werden sie weitergeschickt, da ihre Widersacher aus Thessalonich ihnen folgen (Apg 17,13). Während seiner Zeit in Thessalonich wurde Paulus von der Gemeinde in Philippi unterstützt (vgl. Phil 4,15f). Der aus Thessalonich stammende Aristarch gehörte nach der Apg zu den Begleitern des Paulus (19,29; 20,4; 27,2; vgl. Phlm 24). Gegenüber der korinthischen und der römischen Gemeinde hebt Paulus den vorbildlichen, trotz Armut geleisteten Beitrag der mazedonischen Gemeinden zur Sammlung für die Gemeinde in Jerusalem hervor (2 Kor 8,1ff; Röm 15,26).

2 Thessalonicherbrief

1,1-2	Paulus, Silvanus, Timotheus (vgl. 1 Thess 1,1)	Präskript
1,3-12	eures Ausharrens in Verfolgungen	Vorwort I
2,1-12	als ob der Tag	Der Glauben angesichts der Wiederkunft des Herrn
2,13-17	von Anfang an erwählt	Vorwort II (vgl. 1 Thess)
3,1-5	errettet von bösen Menschen (vgl. 3,1 mit 1 Thess 4,1 = gleicher Übergang)	Wandel gegenüber den Ungehorsamen
3,6-15	Zieht euch von jedem Bruder zurück	
3,16-18	Gruß mit meiner Hand	Postskript

Thema und briefliche Angaben zum historischen Ort: Paulus stärkt und mahnt zusammen mit Silvanus und Timotheus die Gemeinde in Thessalonich. Die Thessalonicher sollen sich nicht durch Worte und Briefe irreführen lassen, die angeblich von Paulus stammen (2,2; vgl. 3,17) und behaupten, dass der Tag des Herrn schon da sei. Im Gegenteil, gerade diese Verführungsversuche sind Zeichen des Abfalls, der in der Offenbarung des „Widersachers", des „Menschen der Gesetzlosigkeit, des Sohns des Verderbens" münden wird. Dieser wird in der Macht des Satans auftreten und sich in den Tempel Gottes (d. h. in das Heiligste) setzen und viele verführen. Dieser wird jetzt noch aufgehalten. Er wird durch den Geist/Hauch (Pneuma) des Mundes des Herrn Jesus bei dessen Wiederkunft vernichtet werden (2,1-12). Gott wird aber Paulus und die Gläubigen von bösen Menschen und dem Bösen erlösen (3,1-5). Die Gläubigen sollen sich von den unordentlich lebenden Brüdern zurückziehen, die entgegen dem Vorbild des Apostels und seiner Mitarbeiter selber nicht arbeiten wollen (3,6-15).

Struktur: Dieser Brief hat eine ähnliche Struktur wie der 1 Thess (vgl. z. B. die Präskripte). 1,3-12 und 2,13-17 können als zwei Vorworte verstanden werden (vgl. 1 Thess; hier aber je Dank und Bitte).

Indikativ-Imperativ Schema: Auch 2 Thess folgt einem groben Indikativ-Imperativ Schema (Indikativ K. 2/ Imperativ K. 3).

Anmerkungen zur Theologie und Ethik: *Eschatologie:* Während der 1 Thess in 4,13-5,11 erörtert, was (z. B. Auferstehung der Toten) am Tag des Herrn, der überraschend kommen wird, wie (z. B. Posaune, Erzengel) geschieht, geht es im 2 Thess um die Ereignisse, die dem Tag des Herrn vorangehen werden (vgl. aber auch "das Gerede von Friede und Sicherheit" vor dem Tag des Herrn in 1 Thess 5,3 mit diesem "Fahrplan" in 2 Thess 2,1-12). Hier wie dort sind die Gläubigen nicht für den Zorn Gottes (d. h. das Gericht) am Tag des Herrn bestimmt (1 Thess 5,9/2 Thess 2,10-12); *Ethik:* Menschen, die sich aufgrund des Heils der Arbeit entziehen, gefährden die Gemeinde (3,6-15).

1 Timotheusbrief

1,1-2	Timotheus, einem echten Kind	Präskript
1,3-11	Das Ziel der Unterweisung: Liebe (Bitte: Ziel)	Proömium
1,12-17	Sünder zu erretten (Dank: Grundlage = sola gratia)	
1,18-20	Dieses Gebot vertraue ich dir an	A Persönliche Mahnung
2,1-7	(Alle:) Flehen für alle Menschen	B Haushalt der Gemeinde
2,8-15	Männer: beten; Frauen: nicht lehren	
3,1-7	Vorsteher (Episkopos)	
3,8-13	Diakon	
3,14-16	das Geheimnis der Gottseligkeit	Zentral: Haus/Gemeinde Gottes und christologisches Bekenntnis
4,1-11	auf Lehren von Dämonen	C Falsche Lehrer
4,12-16	sei ein Vorbild der Gläubigen	A Persönliche Mahnung
5,1-2	ermahne ihn als einen Vater	B Haushalt der Gemeinde
5,3-16	Witwen	
5,17-22	Die Ältesten	
5,23-25	Trinke ein wenig Wein	A Persönliche Mahnung
6,1-2	Sklaven	B Haushalt der Gemeinde
6,3-16	Streitfragen, Geldliebe	C Falsche Lehrer
6,17-19	Reiche	B Haushalt der Gemeinde
6,20-21	fälschlich so genannte Erkenntnis	A Persönliche Schlussmahnung und Postskript

Thema: Timotheus (der engste Mitarbeiter des Paulus neben Titus) erhält durch Paulus Instruktionen zur Ausübung seiner Aufgabe als Leiter und Organisator der Gemeinde in Ephesus (1,3). Timotheus soll engagiert die gesunde Lehre (1 Tim 1,10) lehren, sich von falschen Lehrern abgrenzen und feste Strukturen für die Gemeindeleitung (Vorsteher, Diakone und Älteste) herausbilden (vgl. die Funktion der Handauflegung 1 Tim 4,14).

Briefliche Angaben zum historischen Ort: Während Paulus nach Mazedonien weiterzog, ließ er Timotheus in Ephesus zurück, damit dieser die dortige von Paulus gegründete Gemeinde leite. Anlass des Briefes war wahrscheinlich das Auftreten von falschen Lehrern (genannt: Hymenäus, Alexander 1 Tim 1,20; Philetus 2 Tim 2,17). 1 Tim ist wie 2 Tim und Tit nur an eine der Gemeinde gegenüber verantwortliche Person und nicht an eine ganze Gemeinde gerichtet (sog. Pastoralbriefe).

Argumentation und Struktur: Nach dem Präskript („Timotheus, meinem rechtschaffenen Sohn im Glauben" V. 2) folgt das Proömium mit dem Auftrag an Timotheus als Briefzweck (Bitte an Timotheus) und dem Dank des Paulus an Gott dafür, dass er als Vorbild für das Gnadenhandeln Gottes eingesetzt ist. Beachte: Ungewohnte Reihenfolge von Bitte und Dank in einem Proömium. Im Briefkorpus wechseln sich drei Hauptthemen ab, die um das Zentrum 3,14-16 herum entfaltet werden. In diesem Zentrum geht es um das rechten Verhalten im Hause Gottes (der Gemeinde 3,15) und um Christus als dem Geheimnis der Gottseligkeit (3,16):

A Persönliche Mahnung: Timotheus soll der Gemeinde als Vorbild dienen, sich von Irrlehren abwenden und den „Schatz" bewahren (6,19ff).

B Hausordnung der Gemeinde: Ständeordnung (Obrigkeit; Männer: beten; Frauen: nicht lehren, 1 Tim 2); Ämter: Bischof (3,1-7), Diakon (3,8-13), Älteste (5,17-22); Witwen (5,3-16); Sklaven (6,1-2); Reiche (6,17-19); Timotheus als Autorität.

C Falsche Lehrer: Gesetzeslehrer (1,3-11) verbieten zu heiraten und gebieten Enthaltung von Speisen; Paulus dagegen sagt, dass alles Geschaffene gut ist und dass nichts verwerflich ist, was mit Dank zu sich genommen wird (4,3-5); Absage an asketische Tendenzen (z. B. Timotheus soll Wein gegen seine Magenschmerzen trinken 5,23).

Eine persönliche Schlussmahnung und das Postskript (Segensgruß) schließen den Brief ab.

Anmerkungen zur Theologie und Ethik: Christushymnus in 3,16. Die Christologie wird eng mit der Ekklesiologie verbunden (3,15f). Dementsprechend kommt es auf den „ungefärbten" Glauben an Christus und auf den richtigen Wandel (Ethik) im Haus Gottes an („Die Hauptsumme aller Unterweisung ist die Liebe" 1,5; Ständelehre). Gemeindeleitung gewinnt institutionalisierte Züge: Vorsteher, Diakone, Älteste; Timotheus als zeitlich befristeter Hauptverantwortlicher für die Gemeinde). Zur Gemeindeleitung in den paulinischen Gemeinden s. Röm 12,8; 1 Kor 12,28; Eph 4,11f; Phil 1,1; 1 Tim 3,1-13; 5,17-19; vgl. Apg 14,23; 20,17).

Pastoralbriefe: 1 Tim + 2 Tim bilden zusammen mit Tit die sog. Pastoralbriefe. Sie sind keine Privatbriefe, sondern Anweisungen an die Paulusschüler und -mitarbeiter Timotheus und Titus betreffs der Führung des „Hirten-Amtes".

2 Timotheusbrief

1,1-2	Timotheus, einem geliebten Kind	Präskript
1,3-14	Großmutter Lois, Mutter Eunike	Proömium (Dank)
1,15-18	alle haben sich von mir abgewandt	Verführer (A)
2,1-13	Leide mit als ein guter Streiter Christi	Glauben (B) /Leiden (C)
2,14-26	nicht Wortstreit	Verführer (A)
3,1-9	Menschen werden selbstsüchtig sein	Verführungen (A)
3,10-13	Du aber bist mir gefolgt	Glauben (B) /Leiden (C)
3,14-17	Du aber bleibe	
4,1-8	Predige das Wort	Glauben (B) /Verführer (A) /Leiden (C)
4,9-18	Beeile dich zu kommen	Verführer (A)
4,19-22	Grüße Priska und Aquila	Postskript

Thema: Themen dieses Briefes sind die rechte Amtsführung und die Bekämpfung der Irrlehren. Beide Themen sind mit der Leidensproblematik verbunden. Der Glauben an das Evangelium führt in Leiden; der Versuch, das Leiden zu vermeiden, verführt zum Abfall in Glauben und Lebenswandel. Wer der Gemeinde vorsteht, wird besonders mit Leiden konfrontiert werden. Sowohl diejenigen, die sich von Paulus abwenden, als auch diejenigen, die sich vom richtigen Glauben abwenden, werden zu Verführern, denn sie wollen letztlich dasselbe, nämlich das Leiden umgehen. Die einen wollen mit dem leidenden Paulus nichts mehr zu tun haben, die anderen behaupten, dass die Auferstehung als Beginn der nicht mehr durch Leiden beschränkten Heilszeit bereits geschehen sei.

Briefliche Angaben zum historischen Ort: Paulus befindet sich in Gefangenschaft (in Rom? 1,17) und sieht sein nahes Ende voraus. In dieser Situation übermittelt er Timotheus sein „geistiges Testament" (vgl. 4,6-8). Er fordert Timotheus, Sohn der Eunike und Enkel der Lois (1,5), auf, die Gabe, die Timotheus durch die Handauflegung des Paulus empfangen hat, einzusetzen, den Herrn zu bezeugen und für das Evangelium zu leiden (1,6-8). Bald soll er zu Paulus kommen (4,9) und dessen Mantel und Bücher aus Troas mitbringen (4,13). Anders als in 1 Tim werden in 2 Tim stark emotionale Töne angeschlagen.

Argumentation und Struktur: Nach dem Präskript mit Gruß („meinem lieben Sohn Timotheus" V. 2) und dem Proömium (Dank) folgen drei sich abwechselnde Hauptthemen: A Verführer (Hymenäus und Philetus, 2,17f); B Glauben; C Leiden.

Den Schwerpunkt bilden dabei die Anweisungen für die Bekämpfung der falschen Lehrer. Als Gegenmittel insistiert Paulus auf der Schrift und der Lehre.

Grüße, persönliche Mitteilungen und ein Segen schließen den Brief.

Titusbrief

Rahmen (A)	1,1-4	Titus, einem echten Kind (A)	3,15	Gnade mit euch allen (A′)
Mitarbeiter (B)	1,5-9	in jeder Stadt Älteste (B)	3,12-14	lass die Unseren lernen (B′)
Umgang mit Verführern (C)	1,10-16	Verführer weise scharf zurecht (C)	3,9-11	Zänkereien vermeide (C′)
Wandel (Ethik) (D)	2,1-15	die gesunde Lehre (D)	3,1-8	Gewalten untertan zu sein (D′)

Thema und briefliche Angaben zum historischen Ort: Paulus gibt Anweisungen an seinen Mitarbeiter Titus, den er als seinen Stellvertreter in Kreta eingesetzt hat, um dort die Gemeinde zu organisieren: Titus soll Presbyter (Älteste) als Leitung einsetzen, Verführer abweisen und das alltägliche Zusammenleben innerhalb der Gemeinde, sowie ihr Verhalten gegenüber der Welt ordnen. Danach soll er nach Nikopolis zu Paulus ins Winterquartier kommen.

Argumentation und Struktur: Dieser Brief weist eine chiastische Struktur auf. Die vier Hauptthemen, die im Diagramm durch ABCD gekennzeichnet sind, werden im zweiten Teil des Briefes in umgekehrter Reihenfolge wieder aufgenommen (DCBA).

A Äußerer Rahmen des Briefes: 1,1-4 Präskript (Proömium fehlt): Paulus stellt sich als Knecht Gottes und Apostel Jesu Christi vor, beauftragt mit der Verkündigung der Heilsbotschaft und der Stärkung des Glaubens, in der Hoffnung auf das ewige Leben. Titus wird als „echtes Kind dem gemeinsamen Glauben nach" bezeichnet. Paulus beansprucht die geistliche Vaterschaft.

3,15 Postskript: Grußworte.

B Mitarbeiter: 1,5-9 Titus soll in jeder Stadt „Älteste" (=>Lehrer) einsetzen, die ihrem Verhalten nach ein Vorbild für die anderen sind und v.a. an der richtigen Lehre festhalten sollen.

3,12-14 Titus soll Mitarbeiter des Paulus unterstützen (durch Begleitung und Anstiftung zu guten Werken) und selber nach Nikopolis reisen.

C Verführer: 1,10-16 Viele Leute („besonders die aus der Beschneidung") predigen eine falsche Lehre, oft auch aus materiellen Interessen. Diese Leute sind streng zurechtzuweisen.

3,9-11 Titus soll sich nicht auf Streitfragen mit solchen Leuten einlassen, sondern sie nach zweimaligem Ermahnen links liegen lassen.

D Wandel: 2,1-15 Es werden Verhaltensregeln (Tugendkataloge) für ältere Männer, ältere Frauen, junge Frauen und junge Männer und Sklaven aufgestellt. Titus soll ein Vorbild sein. Die Motivation für dieses Verhalten ist die Erscheinung Gottes auf Erden in Jesus Christus, der die Christen von der Gesetzlosigkeit erlöst hat.

3,1-7 (Staatlichen) Mächten gegenüber sollen Christen gehorsam sein, ebenso sollen sie allen Menschen gegenüber gut gesinnt und milde sein. Auch dieses Verhalten ist motiviert durch die Erscheinung Gottes in Jesus Christus und die Güte, die er den Menschen entgegenbringt.

Anmerkungen zur Theologie und Ethik: Die Taufe ist das Bad der Wiedergeburt; der Heilige Geist ist reichlich ausgegossen und bewirkt eine Erneuerung (3,5f). Ethik: Die Gnade erzieht zum richtigen Lebenswandel (2,11f). Anweisungen für ältere und jüngere Männer und Frauen und für Sklaven (2,1-10); Richtlinien für den Gemeindeleiter (1,5-9).

Exkurs zu Timotheus und Titus

Timotheus

Paulus bezeichnet Timotheus als „geliebtes und treues Kind" (1 Kor 4,17; vgl. 1 Tim 1,2.18). Offensichtlich wurde T. durch Paulus bekehrt. Nach der Apg stammt T. aus Derbe in Kleinasien (Apg 20,4) als Sohn eines griechischen Vaters und einer Judenchristin. Paulus bestimmt ihn nach seiner Trennung von Barnabas zum Begleiter und lässt ihn aus Rücksicht auf die Juden beschneiden (Apg 16,1-3). Sowohl in den Paulusbriefen als auch in der Apg erscheint T. als engster Mitarbeiter, Sonderbeauftragter und Missionspartner von Paulus. Paulus nennt ihn „Bruder" (2 Kor 1,1; 1 Thess 3,2; Phlm 1), „Mitarbeiter" (Röm 16,21) und (Mit-)Knecht Jesu Christi (Phil 1,1). Er ist Mitabsender und z. T. Mitautor (wir-Form) mehrerer Briefe (2 Kor; Phil; Kol; 1/2 Thess; Phlm). Paulus kann die Tätigkeit des T. mit seiner eigenen vergleichen: Wie er verkündigt T. Jesus Christus (2 Kor 1,19), verrichtet das „Werk des Herrn" (1 Kor 16,10; vgl. Phil 2,22) und ist selbstlos auf das Wohl der Gemeinden bedacht (Phil 2,19ff). In diesen Funktionen sendet ihn Paulus gerne mit Spezialaufträgen als seinen Stellvertreter zu den Gemeinden (1 Kor 4,17; 16,10f; Phil 2,19; 1 Thess 3,2.6; Apg 17,14f; 18,5; 19,22). Paulus verteidigt ihn gegenüber Zweifeln der Korinther an dessen Autorität, die auch im Zusammenhang mit der Kollektensammlung stehen (in 2 Kor 8,18.22 nur als „Bruder" bezeichnet; vgl. 1,1).

Die beiden Briefe an Timotheus berichten weiteres: T. als Empfänger dieser Briefe; die Namen seiner christlichen Mutter und Großmutter (2 Tim 1,5); seine frühe Unterweisung als Kind (2 Tim 3,15); Einsetzung in seinen Dienst unter Handauflegung (1,6). Hebr 13,23 enthält ein Hinweis auf eine Gefangenschaft des T.. Der Tradition gilt er als Bischof von Ephesus (Euseb h. e. 3,4,5).

Titus

Titus ist ein wichtiger „Mitarbeiter" und „Gefährte" von Paulus (2 Kor 8,23). T., dessen Herkunft unbekannt ist, wird als „Heidenchrist" von Paulus zum Apostelkollegium in Jerusalem mitgenommen. Er muss sich dort entgegen der Forderung der Judaisten nicht beschneiden lassen und wird so zum lebendigen Beweis dafür, dass die „Heiden" ohne Vermittlung durch das Gesetz an das Evangelium glauben sollen (Gal 2,1-3). Paulus sendet T. mehrmals in heiklen Missionen zur Gemeinde in Korinth, nachdem er und sein engster Mitarbeiter Timotheus in Spannungen zu dieser Gemeinde geraten sind. Anders als dieser tritt er nicht nur als Gesandter des Paulus, sondern auch als wesentlicher unabhängiger Vermittler zwischen ihm und der Gemeinde (2 Kor 7,6f.13f) und als eigenständiger Mitorganisator der Kollekte in Korinth auf (8,6.16f).

In den Pastoralbriefen ist T. der Empfänger des Titusbriefes. Er wurde durch Paulus bekehrt („echtes Kind") und wird - zeitlich befristet - mit der Organisation der kretischen Kirche beauftragt (Tit 1,4f; 3,12). Nach 2 Tim 4,10 ist er nach Dalmatien weitergereist. Euseb berichtet, dass er nach dem Tod des Paulus nach Kreta zurückgekehrt sei und dort als Bischof (h. e. 3,4,6) hochbetagt starb (vgl. die große byzantinische Tituskirche in der alten Bischofsstadt Górtis). Die häufige Nennung des Titus in den Apokryphen und der Pseudo-Titus-Brief zeigen, dass Titus später in ehefeindlich-asketischen Kreisen verehrt wurde.

Philemonbrief

1	Paulus, ein Gefangener Christi Jesu, und Timotheus, der Bruder, Philemon, dem Geliebten und unserem Mitarbeiter, 2 und Aphia, der Schwester, und Archippus, unserem Mitkämpfer, und der Gemeinde, die in deinem Haus ist:	23	Es grüßt dich Epaphras, mein Mitgefangener in Christus Jesus, 24 Markus, Aristarchus, Demas, Lukas, meine Mitarbeiter.	A	Briefanfang/ Briefschluss parallel: Je 5 Personen werden mit Namen genannt; je Gefangenschaftsmotiv, „Mitarbeiter" und Segen (z. T. wörtlich).
3	Gnade euch und Friede von Gott, unserem Vater, und dem Herrn Jesus Christus!	25	Die Gnade unseres Herrn Jesus Christus sei mit eurem Geist!		
4	Ich danke meinem Gott, indem ich allezeit deiner in meinen Gebeten gedenke, 5 da ich von deiner Liebe und von dem Glauben höre, den du an den Herrn Jesus und allen Heiligen gegenüber hast,	22	Zugleich aber bereite mir auch eine Herberge, denn ich hoffe, dass ich durch eure Gebete euch werde geschenkt werden.	B	Paulus betet für Philemon, Philemon für Paulus (P.). Sie haben eine gute Beziehung.
6	dass die Gemeinschaft deines Glaubens wirksam werde in der Erkenntnis alles Guten, das in uns im Hinblick auf Christus ist.	21	Da ich deinem Gehorsam vertraue, habe ich dir geschrieben, und ich weiß, dass du auch mehr tun wirst, als ich sage.	C	Philemon ist noch zu größeren Liebeserweisen fähig.
7	Denn ich hatte große Freude und großen Trost durch deine Liebe, weil die Herzen der Heiligen durch dich, Bruder, erquickt worden sind.	20	Ja, Bruder, ich möchte deiner froh werden im Herrn; erquicke mein Herz in Christus.	D	Philemon erquickte die Herzen der Heiligen. Er soll das Herz von P. erquicken.
8	Deshalb, obgleich ich große Freimütigkeit in Christus habe, dir zu gebieten, was sich geziemt, 9 bitte ich [doch] vielmehr um der Liebe willen als ein solcher, wie ich bin, Paulus, der Alte, jetzt aber auch ein Gefangener Jesu Christi.	19a	Ich, Paulus, habe es mit meiner Hand geschrieben, ich will bezahlen; 19b ich [brauche] dir nicht zu sagen, dass du auch dich selbst mir schuldig bist.	E	P. könnte dem Philemon, der in seiner Schuld steht (gläubig geworden durch P.), befehlen, aber er bittet ihn für den
10	Ich bitte dich für mein Kind, das ich gezeugt habe in den Fesseln, Onesimus, 11 der einst unnütz war, jetzt aber dir und mir nützlich ist.	18	Wenn er dir aber irgendein Unrecht getan hat oder dir etwas schuldig ist, so rechne dies mir an.	F	Sklaven Onesimus. Der war unnütz, jetzt aber ist er, bei P. gläubig geworden, nützlich.
12	Den habe ich zu dir zurückgesandt - ihn, das ist mein Herz.	17	Wenn du mich nun für [deinen] Gefährten hältst, so nimm ihn auf wie mich.	G	1. Bitte von P.: Nimm mein Herz auf, das ist O..
13	Ich wollte ihn bei mir behalten, damit er statt deiner mir diene in den Fesseln des Evangeliums. 14 Aber ohne deinen Willen wollte ich nichts tun, damit deine Wohltat nicht wie gezwungen, sondern freiwillig sei.	15	Denn vielleicht ist er deswegen für eine Zeit [von dir] getrennt gewesen, damit du ihn für immer besitzen sollst, 16 nicht länger als einen Sklaven, sondern mehr als einen Sklaven, als einen geliebten Bruder, besonders für mich, wie viel mehr aber für dich, sowohl im Fleisch als im Herrn.	H	2. angedeutete Bitte von P.: Onesimus ist dir nun ein Bruder im Herrn. Ich hoffe, du schenkst ihn mir zu meiner Unterstützung.

Thema, Kontext mit brieflichen Angaben zum historischen Ort: Paulus, der in Gefangenschaft ist (Gefangenschaftsbrief), sendet den entlaufenen Sklaven Onesimus zu seinem christlichen Herrn Philemon zurück, der durch den Dienst des Paulus gläubig geworden ist. Dieser wohnt wahrscheinlich in Kolossä (vgl. Kol 4,7-9 und Phlm 2.23f). Er soll ihn nicht bestrafen, sondern, da Onesimus unterdessen ebenfalls bei Paulus gläubig geworden ist, als Bruder im Herrn aufnehmen. Doch Paulus wünscht sich mehr: Er hofft, Onesimus von Philemon als Unterstützung geschenkt zu bekommen. Der Brief soll Philemon vor der versammelten Hausgemeinde vorgelesen werden. Onesimus ist wahrscheinlich derjenige, der den Brief überbracht hat (Briefträger).

Argumentation und Struktur: Phlm folgt einer konzentrischen Struktur, d. h., dass die einzelnen Themen nach der Briefmitte in umgekehrter Reihenfolge wiederholt werden (abc:Zentrum:c'b'a'). Mit einer solchen formalen Struktur kann eine Briefmitte besonders hervorgehoben werden bzw. das zentrale Thema auch im formalen Zentrum des Briefes platziert werden. Genau das ist in Phlm der Fall mit den Themen A-G, die je zweimal vorkommen und das Zentrum H (V. 13-16) rahmen. In G fordert Paulus Philemon bittend dazu auf, Onesiums als geliebten Bruder aufzunehmen und nicht zu bestrafen (1. Bitte mit befehlendem Unterton) und deutet in H an, dass er Onesimus selber gerne als Hilfe von Philemon hätte (2. Bitte wird nur angedeutet).

Weitere Beobachtungen: Paulus argumentiert rhetorisch geschickt mit dem Namen Onesimus (typischer Sklavenname: der „Nützliche"), indem er mit den Worten „nützlich" und „unnütz" spielt. Auch mit dem Wort Herz (eigentlich „Eingeweide": Sitz der Gefühle) spielt Paulus: Durch Philemon sind die Herzen der Gläubigen erquickt worden (V. 7). Paulus will nichts anderes, als dass Philemon auch sein Herz erquickt (V. 20). Sein Herz aber ist Onesiums (V. 12).

Indikativ-Imperativ Schema: Indikativ fehlt! Nur Imperativ, aber als Bitte vorgetragen.

Anmerkungen zur Theologie und Ethik: *Ethik:* Die christliche Freiheit hebt die Gesellschaftsordnung nicht auf, sondern ändert sie von innen her. Der Rechtsstatus des Sklaven Onesimus bleibt. Doch der Sozialstatus wird verändert: Sklave und Sklavenbesitzer sollen einander zu geliebten Brüdern werden im Fleisch (d. h. auch im alltäglichen Leben) und im Herrn (V. 16).

Innerneutestamentliche Bezüge zum Philemonbrief: Der entlaufene Sklave Onesimus und der in Phlm 2 als Adressat genannte Archippus werden im Kol erwähnt. Den Onesimus möchte Paulus mit Tychikus nach Kolossä senden (Kol 4,9), Archippus soll ermahnt werden, seinem Amt gerecht zu werden (Kol 4,17). Onesimus wird zudem als „einer der Euren bezeichnet", so dass vermutet werden kann, dass die Hausgemeinde des Philemons in oder bei Kolossä beheimatet war.

Hebräerbrief (Konzentrische Struktur ABCDC'B'A': Neuer Bund im Zentrum)

Präskript oder Prolog 1,1-4	Gottes Reden seit den Vätern bis zum Sohn, der über die Engel erhaben ist.	Gott schaffe in euch durch Jesus, was vor ihm wohlgefällig ist und ertragt das Wort der Ermahnung! + Korrespondenz, Grüße	**Postskript** 13,20-25
A: Erhöhter und erniedrigter Sohn 1,5-2,18	Jesus hat, als unter die Engel erniedrigter und erhöhter Sohn, die Rettung ermöglicht. Um in das himmlische Zion zu gelangen (erhöht zu werden), sollen die Gläubigen als Söhne Gottes die Züchtigung (Erniedrigung) nicht für gering achten und Gott wohlgefällig wandeln!		A': Erhöhte und erniedrigte Söhne 12,4-13,19
Übergangselement A zu B 3,1-6	Betrachtet Jesus und die Wolke der Zeugen. Die Ausrichtung auf diesen Hohepriester und diese Vorbilder hilft zum Ablegen der Sünde und zur Standhaftigkeit.		Übergangselement B' zu A' 12,1-3
B: Bundesglaube 3,7-5,10 5,11-14 6,1-6,16	Die drei Perikopen werden parallel geführt: B_1/B'_1: Entfliehe der Sünde/dem Gericht durch Gehorsam, um die Verheißung zu erlangen! B_2/B'_2: Werdet nicht ruckfällig, sondern strebt durch Glauben die Vollendung der Vorfahren an! B_3/B'_3: Wendet euch der Vollendung der Vorfahren zu, um Zeugnis und Verheißung zu erlangen.		B': Bundesglaube 10,24-39 11,1-4 11,5-40
Übergangselement B zu C 6,17-20	Jesus ist durch den Vorhang ins Allerheilige hineingegangen. Deshalb haben die Gläubigen auch Zugang und sollen voll Hoffnung hinzutreten.		Übergangselement C' zu B' 10,19-23
C: Jesus, der neue Priester 7,1-28	Er ist der Aktive und Passive zugleich, der neue Bund liegt allein in seiner Hand.		C': Jesus, das neue Opfer 9,16-10,18
	Er ist der wahre Priester nach der Ordnung Melchisedeks (Ps 110). Sein Priestertum ist ewig und nicht vergänglich wie im alten Bund. Jesus ist ein sündloser Hohepriester und bedarf keines Opfers zur Reinigung.	Jesu Opfer ist einmalig und gilt für alle Zeiten. Er gibt sein eigenes Blut (nicht das eines Tieres), das nötig ist für das In-Kraft-Treten des Testaments. Jesus gibt sein besseres Blut, weil 1.: das Tierblut an die Sünde erinnert, sie aber nicht tilgt. 2.: er in ein himmlisches und nicht von Menschen gemachtes Heiligtum eingeht.	
Übergangselement C zu D 8,1-6	Durch seine Funktion als Hohepriester und Opfer wird Jesus zum Diener des neuen Bundes.		Übergangselement D' zu C' 9,11-15
D: Der neue Bund 8,7-9,10: Er ist mitsamt den neuen Gottesdienstordnungen notwendig, weil der alte Bund nicht zur Vollkommenheit geführt hat. Wenn Gott von einem neuen Bund spricht, so kommt die Auflösung des alten zum Ausdruck. Im alten Bund hat ausschließlich der Hohepriester einmal im Jahr Zugang zum Allerheiligsten, dieses muss also noch ganz zugänglich/offenbart werden. 9,10: Es sind "Satzungen des Fleisches bis zur richtigen Ordnung", d. h. der neue Bund verhält sich zum alten wie das Urbild zum Abbild oder wie die Erfüllung zur Verheißung. Mit ihm wird das Ziel des Exodus erreicht („in die Ruhe eingehen").			

Struktur nach Gelardini, G., Der konzentrische Stufenrhythmus: eine Strukturanalyse zum Hebräerbrief, Basel 1998 (unveröffentlicht)

Thema: Jesus Christus ist der wahre Hohepriester der himmlischen Stiftshütte, der sich selbst als das wahre Opfer hingegeben hat. Durch dieses Opfer hat er den neuen Bund geschlossen, der den alten ablöst, da der alte aufgrund der Sünde des Volks nicht zum Ziel, d. h. zur großen Sabbatruhe geführt hat. Seine einmalige Heilstat gilt ein für alle Mal. Das Gottesvolk soll nicht im Vorläufigen stehen bleiben, sondern mit Hoffnung und Glauben wieder neu aufbrechen, „die Stadt" verlassen (Hebr 13,14) und auf das Heil zugehen, solange die Erfüllung der Verheißung noch aussteht.

Kontext mit brieflichen Angaben zum historischen Ort: Hebr ist ganz aus einer Diasporaperspektive geschrieben. Der Verfasser (Diasporajude / 5,11: "wir"; 11,32: "ich") schreibt aus Italien (Hebr 13,24) und ermutigt und ermahnt die Adressatengemeinde (Hebr 13,22: Hebr als "Wort der Ermahnung"), sich nicht irgendwo bleibend einzurichten, sondern als Fremde auf dieser Erde zu leben (typisch für Diasporajuden, die meistens als Fremde lebten).

Argumentation und Struktur: Im Hebr wechseln sich Christologie (Indikativ) und Paränese (Imperativ) fortwährend ab und legen sich gegenseitig aus, wobei die Paränese die mahnende Absicht des Verfassers zum Ausdruck bringt. Der konzentrische Aufbau zeigt, dass das Thema des neuen Bundes im Zentrum des Briefes steht (D) und gerahmt wird von „Jesus als neuem Priester und neuem Opfer" (C). Der Glauben an Jesus Christus und seinen Bund soll zum richtigen Wandel führen (B). Weil Jesus der wahre Sohn Gottes ist, sind die Gläubigen als seine Brüder auch Söhne Gottes.

Weitere Beobachtungen: a) Das neue Gottesvolk befindet sich auf der Wanderschaft zur himmlischen Ruhe und zum himmlischen Jerusalem. Durch den Blick in die Vergangenheit, Gegenwart und Zukunft wird es zum Durchhalten ermutigt. b) Soteriologie als zentrales Element: Die Erhöhung und nicht die Auferstehung Jesu, der den Menschen in allem gleich war außer in der Sünde, steht im Mittelpunkt. c) Auffällig ist die Ablehnung einer Zweitbuße, durch die der Opfertod Jesu mit Füßen getreten wird. d) Der Kreuzestod Jesu war zwar eine Hinrichtung auf Erden, zugleich aber das kosmische Opfer im Himmel, das vom himmlischen Hohepriester dargebracht worden ist.

Anmerkungen zur Theologie und Ethik: Nach Hebr 3-4 hat Israel (und in ihm alle *Menschen*) das Ziel des Exodus, die Ruhe und das Erbteil (Dtn 12,9f), aufgrund seiner *Sünde* nicht erreicht, denn Gott selbst hat dies verhindert (s. Ps 95,7-11; mehrfach zitiert in Hebr 3-4). In und durch Jesus *Christus* der als Sohn Gottes präexistent war (1,10), hat Gott die Mittel zur Erlangung dieses Ziels erneuert. Er hat die Priester und den Opferkult der Tora durch den Hohenpriester nach der Weise Melchisedeks, Jesus Christus (7,1ff), ersetzt, der sich selber ein für alle Mal als das wahre Opfer dargebracht hat (9,12-14) und nicht in die irdische, sondern in die himmlische Stifshütte (8,5) eingegangen ist. Durch Christus wurde der alte Bund durch den neuen von Jeremia verheißenen Bund abgelöst (8,13). Durch ihn können die Glaubenden (*Glauben* und Hoffnung sind beinahe identisch 11,1) den (Exodus-)Weg hin zum großen Ziel der Ruhe wieder aufnehmen (13,13f). *Ethik* als Wegethik: Die Glaubenden sollen Gottes Wort hören und achten (2,1-4), seinen Willen mit Vertrauen und Geduld tun (10,35f) und die Züchtigung/Erziehung des Herrn annehmen (12,1-13,19).

Jakobusbrief

1,1	den zwölf Stämmen	Präskript
1,2-4	bewährter Glaube bewirkt Geduld	Durch Versuchung mit Geduld zur Vollkommenheit
1,5-8	euch an Weisheit mangelt	
1,9-11	rühme sich seiner Niedrigkeit	
1,12	Glückselig, der die Anfechtung erduldet	
1,13-15	Gott versucht niemand	
1,16-18	Jede gute Gabe von oben	
1,19-21	schnell zum Hören	Hörer und Täter
1,22-25	Täter, nicht Hörer allein	
1,26-27	Waisen und Wltwen besuchen	
2,1-4	nicht mit Ansehen der Person	Glauben ohne Ansehen der Person
2,5-7	dem Armen Unehre angetan	
2,8-11	das königliche Gesetz	
2,12-13	Barmherzigkeit triumphiert über Gericht	
2,14-17	Glaube ohne Werke ist tot	Glauben lebt durch Werke
2,18-20	Ich habe Glauben	
2,21-26	Abraham / Rahab	
3,1-12	die Zunge	Fluch und Segen der Zunge
3,13-18	Weisheit von oben	Weisheit und Gericht und deren Missbrauch durch die Menschen
4,1-3	Der Kampf unter euch	
4,4-10	Freundschaft mit Welt, Feindschaft mit Gott	
4,11-12	Einer ist Richter	
4,13-17	ein Rauch seid ihr	Vom Umgang mit Reichtum
5,1-6	ihr Reichen, weint	
5,7-11	seid geduldig	Geduld im Vorletzten
5,12	schwört nicht	
5,13-18	Ist jemand krank	
5,19-20	wer den Sünder bekehrt	

Thema und Kontext: Der Brief ist eine weisheitliche Lehr- und Mahnschrift an christliche Gemeinden außerhalb Palästinas (Diaspora: Jak 1,1). Er ruft zu Geduld in Versuchungen und zu einer weisen Lebensführung durch Wort und Tat auf. Auffällig ist die fast völlig fehlende Rede von den grundlegenden Heilsereignissen, sogar der Name Jesu Christi wird nur zweimal erwähnt (1,1; 2,1). Zahlreiche Aussagen über Reich und Arm lassen Spannungen zwischen den sozialen Schichten innerhalb dieser Diasporagemeinden und damit verbunden ein Auseinanderklaffen von Glaube und Tat erkennen. Jakobus zielt auf eine Veränderung des Verhaltens (Wort und Tat) der Christen. Die Mahnungen des Briefes sind lose aneinander gereiht (vgl. weisheitliche Mahnsprüche). Bei Jakobus steht die reflektierende Theologie eher im Hintergrund, er vertritt ein „praktisches Christentum". Der Grundzug ist der häufige Hinweis auf die Macht und Wichtigkeit des Wortes, dem die Tat folgen muss, und auf die Gefährlichkeit der Rede.

Inneres Zeugnis über den historischen Ort: Verfasser: „Jakobus, ein Knecht Gottes und des Herrn Jesus Christus"(1,1). Empfänger: „…an die zwölf Stämme in der Zerstreuung" (Diaspora). Jak gibt sich als Rundschreiben an die Juden der Diaspora (implizite Andeutung: Schreiben aus Jerusalem/Palästina) zu erkennen. Anrede: „Meine lieben Brüder…" (1,2) . Der Briefschluss fehlt.

Zu den Themen:
Wahre Weisheit: 1,5-8 Wem es an Weisheit mangelt, der bitte Gott; 3,13-18: Weisheit von oben und von unten.

Geduld: 1,2-18 Geduld in Anfechtungen bis zur Wiederkunft Christi (5,7ff) ist vonnöten. Der Lebenswandel soll in Gehorsam gegenüber den Geboten Gottes geführt werden.

Arme: 1,9-11 Vor Gott gilt: Der Arme ist hoch, der Reiche ist niedrig; 2,1-13 kein Ansehen der Person (z. B. aufgrund von Reichtum); 5,1-6 Anklage gegen die Reichen, die die Armen ausnützen.

Macht des Wortes: 1,19-21 Wichtigkeit des Hörens; 3,1-12 gefährliche Macht der Zunge; 5,12 nicht schwören; 5,13-18 Macht des Gebets.

Wichtigkeit der Tat: 1,22-27 nicht nur Hörer, sondern auch Täter des Wortes; 2,14-26 Glaube lebt durch Werke. In 2,14-26 tritt der Verfasser einer Haltung entgegen, die sich auf den Glauben beruft, um sich dem gehorsamen Handeln entziehen zu können. Er zieht aus dem Beispiel Abrahams einen der paulinischen Abraham-Interpretation (Röm 4) entgegengesetzten Schluss. Es stellt sich die Frage, ob Jakobus die Rechtfertigungslehre von Paulus gekannt hat und auf diese reagiert?

Warnung vor Streit: 4,1-12

Anmerkungen zur Theologie und Ethik: Die *Menschen* leben in einer von Begierde, Sünde, Satan und pervertierter Weisheit (irdische, seelische und dämonische Weisheit 3,15) hin und her geworfenen *Schöpfung*/Welt. Die irdische Weisheit bestimmt den zerrissenen/ gespaltenen Menschen. Seine Zerrissenheit zeigt sich in seinen Zweifeln (Jak 1,6), im Auseinanderklaffen von Wort und Tat (1,22-27), im Missbrauch der Zunge (3,1-12), in der Liebe zur Welt (4,4ff), in der Missachtung des Willens Gottes (2,1-13; 5,1ff), in Streitigkeiten (4,1ff), im unklaren Ja und Nein (5,12). Grund seiner Zerrissenheit ist seine Begierde (1,14f; 4,1f), die wiederum die Sünde hervorbringt und den Menschen zum Tod führt (1,15).

Aber mit dem rechten *Glauben*, der mit der Gabe der Weisheit „von oben" korreliert, überwindet der Glaubende seine Zerrissenheit. Glaube und Weisheit sind an ihren Werken aufweisbar. Diese Werke orientieren sich wiederum an dem „königlichen Gesetz" (2,8) und am „Gesetz der Freiheit" (1,25) (Tora). Zentrum des Gesetzes ist das Liebesgebot (2,8). Der rechte Glaube und die Weisheit „von oben" ermöglichen dem Menschen, den Willen Gottes durch das Wort zu hören und zu tun. Das vollkommene Gesetz der Freiheit, die Einheit von Wort, Glauben und Werken und die Einheit des Menschen, d. h. seine Vollkommenheit, stehen in Wechselwirkung zueinander.

Gott ist diesen gespaltenen Bewegungen nicht unterworfen, bei ihm ist keine Bewegung (1,17). Zugleich ist er der leidenschaftliche, eifernde Gott (4,5). Gott, der Herr (Kyrios), ist barmherzig und ein Erbarmer (5,11). Auch Jesus *Christus* ist der Kyrios (1,1). *Von den letzten Dingen*: „So seid nun geduldig, liebe Brüder, bis zum Kommen des Herrn…" (5,7-11).

Ethik: Maxime ist die Erfüllung des Gesetzes im Liebesgebot. Reiche müssen soziale Verantwortung für die Armen übernehmen. Der rechte

Gottesdienst (1,27) ist Barmherzigkeit gegenüber den Witwen und Waisen zu üben. Weitere ethische Themen: Kein Ansehen der Person in der Gemeinde (2,1ff), Warnung vor Streit (4,1ff), Warnung vor Selbstsicherheit (4,13ff), das Gebet für die Kranken (5,13ff) und die Verantwortung für die Irrenden (5,19f).

1 Petrusbrief

1,1-2	Besprengung durch das Blut Jesu Christi	Präskript	
1,3-12	Bewährung eures Glaubens	Lobpreis mit Briefthema: Glaubenswandel im Leiden	
1,13-25	im ganzen Wandel heilig	Wandel	
2,1-10	um geistliche Schlachtopfer darzubringen	Richtiger Wandel ist Priesterdienst	
2,11-12	Euer Wandel unter den Nationen	gegenüber den Mitmenschen	
2,13-17	ehrt den König	gegenüber der *Obrigkeit*	
2,18-25	Ihr Haussklaven	*Sklaven* gegenüber ihren *Herren*	Haustafel
3,1-7	Ihr Frauen; ihr Männer	*Ehepaare* untereinander	
3,8-22	Es ist besser, für Gutestun zu leiden	Allgemeine Anweisungen	
4,1-6	den Willen der Nationen vollbracht	nicht in den Sünden der Heiden wandeln	
4,7-11	habt untereinander eine anhaltende Liebe	der Wandel untereinander	
4,12-19	der Leiden des Christus teilhaftig	der Wandel in der Prüfung	
5,1-5	Hütet die Herde Gottes	der Wandel der *Ältesten* und der *Jüngeren*	
5,6-9	Widersteht durch den Glauben	Zusammenfassung	
5,10-11	die ihr eine kurze Zeit leidet	Postskript 1	
5,12-14	durch Silvanus geschrieben	Schreiber; Grußliste, Postskript 2	

Thema: Der Glaubenswandel im Leiden. Der Verfasser ermahnt und tröstet die Gläubigen im Angesicht von Leiden und Verfolgungen. Das Schreiben ist bestimmt von den drei Elementen Leiden, Herrlichkeit und Ethik (richtigem Glaubenswandel). Es enthält eine umfassende Darlegung des neuen Lebenswandels (sozialethischer Pflichtenkatalog). Dieser Wandel darf auch im Leiden nicht vernachlässigt werden. Leiden um Christi und seiner Gebote willen steht in Verbindung zum Leiden Christi (2,21-25; 4,1.13; vgl. 1,11) und wird der zukünftigen Herrlichkeit gegenübergestellt (1,3; 5,1.10; vgl. 1,11).

Kontext: Die Briefempfänger leiden aufgrund ihres Glaubens unter Diskriminierung. Der Brief unterstützt sie darin, trotz der Leiden am Glauben festzuhalten. Außerdem ermahnt er sie, sich nichts zu Schulden kommen zu lassen, damit sie unschuldig leiden.

Inneres Zeugnis über den historischen Ort: Der Brief weist alle Elemente des antiken Briefformulars auf. Er nennt den Apostel Petrus als Verfasser (1,1). Als Abfassungsort wird Babylon (Metapher für Rom?) angegeben (5,13). Empfänger des Briefes sind Gemeinden, die als Fremde in der kleinasiatischen Diaspora von Pontus, Galatien, Kappadozien, Asien und Bithynien wohnen (1,1). Grüße von der Gemeinde in Rom und von Markus, "meinem Sohn" (5,13) werden ausgerichtet. Silvanus (Mitarbeiter des Paulus z. B. in 1 Thess 1,1; 2 Kor 1,19) ist der Briefschreiber (5,12).

Argumentation und Struktur:
Präskript: 1,1-2
Der Verfasser formuliert zuerst die Hauptaussage seines Schreibens: Ihr habt eine lebendige Hoffnung (1,3-12). Jubelt auch, wenn ihr leiden müsst, über eure Rettung, um euren Glauben zu bewähren (1,5-7).
Daraus (Deshalb {1,13}) leitet er den sozialethischen Pflichtenkatalog ab: Seid im ganzen Wandel heilig (1,13-25), um geistliche Schlachtopfer darzubringen (2,1-10). Seid heilig im Wandel unter den Nationen (2,11-12), gegenüber König und Obrigkeiten (2,13-17), als Sklaven (2,18-25) und als Mann und Frau (3,1-7). 2,18-3,7 ist eine Haustafel.

Diese hohen ethischen Anforderungen werden durch Folgendes ergänzt:
Begründung: Denn es ist besser, für Gutestun zu leiden, als für Bösestun (3,8-22). Vollbringt nicht weiterhin den Willen der Nationen (4,1-6).
Priorität: Vor allem habt untereinander Liebe (4,7-11).
Trost: Wenn ihr im Namen Christi geschmäht werdet, glückselig seid ihr (4,12-19).
Anweisung an die Gemeindeverantwortlichen: Die Ältesten sollen die Herde gut hüten (5,1-5).
Abschließend fasst er seine Mitteilung nochmals zusammen (5,6-9).
Im Postskript ist ein weiterer Trost enthalten: Ihr müsst nur eine kurze Zeit leiden (5,10-14).

Struktur: Die Struktur folgt der Argumentation: Grundlagen (1,1- 2,10), Pflichtenkatalog (2,11-3,7), Begründung (3,8-4,6). In 4,7-11 wird die Liebe als zentral, jedoch nur kurz aufgeführt. In 5,1-6 wird der Pflichtenkatalog, der in 3,7 abgeschlossen wurde, wieder aufgenommen. Tröstungen (4,12-19), Zusammenfassung (5,6-9), und Postskript (5,10-14).

Anmerkungen zur Theologie und zur Ethik: *Glaube*, der Anfechtungen übersteht, wird wertvoller (1,6-8). Ziel des Glaubens: Heil für die Seelen (1,9). Die Gemeinschaft der Heiligen (Kirche) ist das auserwählte Geschlecht, die königliche Priesterschaft, die geistliche Opfer darbringt (= heiliger Wandel), das heilige Volk (2,9) und ein geistliches Haus (Tempel). Die Gläubigen als lebendige Steine sollen es bauen, ihr Eckstein ist Christus (2,5-8). *Von den Heilsmitteln:* Die Taufe rettet, denn sie wäscht nicht "den Schmutz vom Leib", sondern ist "Bitte an Gott um ein gutes Gewissen" (3,21). *Ethik:* Heiligkeit im ganzen Wandel (1,13-25) und ein "rechtschaffenes Leben" wird gefordert, um den Vorwürfen gegen die Gläubigen keine Begründung zu geben (2,11-12). 1 Petr ist gewissermaßen eine erweiterte Haustafel für das Leben im Haus Gottes, welches die Gemeinde ist (weiteres s. o. unter Argumentation).

2 Petrusbrief

1,1-2	Simon Petrus	Präskript
1,3-11	befleißigt euch, eure Berufung festzumachen	Der tugendhafte Wandel aus Glauben (V.5)
1,12-21	euch durch Erinnerung aufzuwecken (vgl. 3,1)	Das prophetische Wort
2,1-22	unter euch falsche Lehrer	Falsche Propheten (Verführer; vgl. Judas 4-16)
3,1-10	Wo ist die Verheißung seiner Ankunft?	Parusie wird mit Gericht kommen
3,11-16	achtet die Langmut unseres Herrn für Errettung	Der Wandel in Erwartung der Parusie
3,17-18	Hütet euch	Schlussmahnung

Thema: Haltet am richtigen Lebenswandel fest, denn der Herr wird kommen! Der 2 Petr ist das Testament des Petrus mit der Absicht, die Glaubenden vor seinem Tod für die Zeit danach zu erinnern, zu erwecken und zu stärken in der Wahrheit, welche in der Erkenntnis Jesu Christi besteht (1,3-11) und in den Prophezeiungen der Schrift grundgelegt ist (1,12-21). Gegenüber falschen Lehrern sollen sie am richtigen Wandel und an der Erwartung der Wiederkunft Christi festhalten.

Inneres Zeugnis über den historischen Ort: Verfasser: „Simon Petrus, ein Knecht und Apostel Jesu Christi" (2 Petr 1,1). Berufung auf eigene Augenzeugenschaft bei der Verklärung Jesu (1,16-18). Bezug zu 1 Petr in 2 Petr 3,1: „Dies ist nun der zweite Brief, den ich euch schreibe". Empfänger: „an alle, die mit uns denselben teuren Glauben empfangen haben ..." (2 Petr 1,1). Die Nähe zu Paulus wird betont: „wie auch unser lieber Bruder Paulus nach der Weisheit, die ihm gegeben ist, euch geschrieben hat" (3,15). Paulus sei nicht immer leicht zu verstehen (3,16).

Argumentation und Struktur: In die Gemeinden sind falsche Lehrer (2,1ff; 3,3ff.17) eingedrungen, die in Ausschweifung leben und habsüchtig sind (2,2f), und die Freiheit verkünden, um Unzucht zu legitimieren (2,18f). Diese rechnen nicht mit der Wiederkunft des Herrn (3,3f). Dem gegenüber betont 2 Petr, dass die Gläubigen Jesus Christus richtig erkennen (1.2.3.8) und tugendhaft und gerecht wandeln (vgl. 2 Petr 1,5; 2,8; 3,11) sollen. Der Herr wird kommen und Himmel und Erde mit Feuer richten (3,7.10-12). Die Verzögerung der Parusie sollen die Gläubigen als Langmut des Herrn für ihre Rettung achten (3,15).

Parallelen zum Judasbrief (2 Petr 2,1-22 und Jud 4-16): Beide Briefe nennen die Engel, die gesündigt haben (2 Petr 2,4; vgl. Jud 6), Sodom und Gomorrah (2 Petr 2,6; vgl. Jud 7), das Lästern von Mächten (2 Petr 2,10; vgl. Jud 8) und Bileam (2 Petr 2,15f; vgl. Jud 11). Doch der zweite Petrusbrief erwähnt im Gegensatz zum Judasbrief Noah (2 Petr 2,5) und Lot (2,7), nicht aber Kain und Korach. Zudem bezieht sich die Erwähnung Bileams nicht auf seinen Rat zur Verführung zur Unzucht (Num 31,16), sondern auf die Geschichte mit der Eselin (2,15f). Die Bezüge des Judasbriefes auf nichtkanonische Schriften lässt 2 Petr ganz weg. Gerade die Gegensätze zum Judasbrief zeigen, wie sehr der gerechte Lebenswandel im Allgemeinen betont wird: Noah ist der Prediger der Gerechtigkeit (2,5) und Lot ist gerecht (2,7). Bileam hingegen liebte den Lohn der Ungerechtigkeit (2,15).

Anmerkungen zur Theologie und Ethik: *Von der Heiligen Schrift*: Der zweite Petrusbrief zeugt von der Wichtigkeit und Dominanz des Wortes Gottes (doppelter Genetiv ist nicht so schön) (vgl. 2,1; 3,2). Das Gebot ist heilig und das Gebot Christi von größter Wichtigkeit (2,21; 3,2). Die ganze Schöpfung hat durch das Wort Gottes Bestand, kann dadurch aber auch vernichtet werden (3,5.7). Alle Weissagungen der Heiligen Schrift sind inspiriert durch den Heiligen Geist (1,19-21). Die Wichtigkeit der Erkenntnis von Jesus Christus wird besonders betont (1.2.3.8). *Von den letzten Dingen:* Weil der Herr geduldig ist, ist er noch nicht gekommen. Er wird unerwartet kommen. Dann werden Himmel und Erde durch einen Weltenbrand gerichtet und vergehen (3,7.10-12). Schließlich werden ein neuer Himmel und eine neue Erde erschaffen, in denen Gerechtigkeit wohnt (3,13). Ethik: Der Glauben soll in Menschenliebe münden. Dies wird über eine ganze Folge von ethischen Zwischenschritten erreicht, die da sind: Glauben – Tugend – Erkenntnis – Selbstbeherrschung – Geduld – Frömmigkeit – brüderliche Liebe – Liebe zu allen Menschen (1,5f).

1 Johannesbrief

		Thematische Assoziationen
1,1-4	was wir gesehen haben (1,1 Ὃ ἦν ἀπ' ἀρχῆς, ὃ ἀκηκόαμεν, ὃ ἑωράκαμεν)	Leiblichkeit Christi
1,5	Gott ist Licht (1,5 ὅτι ὁ θεὸς φῶς ἐστιν)	Licht, Wahrheit, Sündenvergebung
1,6-2,2	im Licht wandeln	
2,3-6	und hält seine Gebote nicht	Gebote
2,7-11	altes/neues Gebot: Wer seinen Bruder liebt	Liebe
2,12-14	Kinder, Väter, junge Männer	Glaube
2,15-17	Liebt nicht die Welt	
2,18-28	Antichristen sind von uns ausgegangen	Antichristen
2,29-3,10	Kinder Gottes - Kinder des Teufels (wer nicht Gerechtigkeit tut und nicht seinen Bruder liebt)	
3,11-24	für die Brüder das Leben hinzugeben (3,11 ἣν ἠκούσατε ἀπ' ἀρχῆς)	Liebe; Gebot (Mitte?)
4,1-6	prüft die Geister	Antichrist
4,7-5,3	Gott ist Liebe; wer Gott liebt, soll auch seinen Bruder lieben (4,8 ὅτι ὁ θεὸς ἀγάπη ἐστίν)	Liebe, Gebot
5,4-5	der Sieg: Unser Glaube	Glauben
5,6-13	durch Wasser und Blut	Leiblichkeit Christi
5,14-15	nach seinem Willen bitten	
5,16-17	eine Sünde nicht zum Tod	Sündenvergebung
5,18-20	Jeder, der aus Gott geboren ist, sündigt nicht	Sünden
5,21	Kindlein, hütet euch vor den Götzenbildern	

Thema: „Gott ist Licht" (1,5) und „Gott ist Liebe" (4,8), deshalb sollen die Gläubigen im Licht wandeln und in der Liebe handeln. Wer Gott erkannt hat und in ihm bleibt, muss dies auch in seinem Lebenswandel und im Verhalten gegenüber seinem Bruder zeigen, indem er dem Vorbild Jesu Christi folgt. Das Tun muss mit dem Reden übereinstimmen (2,6). Der ganze Briefinhalt steht in der Spannung zwischen den beiden Polen Licht (inklusive Wahrheit, Glauben) und Liebe (Gottesliebe, Nächstenliebe).

Kontext: Aus der Gemeinde sind Irrlehrer hervorgegangen, die die Identität des irdischen Jesus mit dem himmlischen Christus leugnen (2,22). Gegen diese Antichristen betont der Verfasser des 1 Joh, dass Christus in Fleisch (d. h. als wahrer Mensch) gekommen ist und als Sühnopfer für die Sünden gestorben ist.

Briefliche Angaben zum historischen Ort: Der Verfasser stellt sich als Augenzeuge des Lebens Jesu vor (1,1-4). In diesem Brief will er die von ihm gehörte Botschaft verkündigen (1,5). Die Empfänger spricht er als "meine Kinder", "meine Lieben" an (z. B. 2,1.7). Mitglieder der Empfängergemeinde haben diese verlassen: "Sie sind von uns ausgegangen, aber sie waren nicht von uns" (2,19).

Argumentation mit Anmerkungen zur Theologie und Ethik (s. auf dem Diagramm die Spalte: Thematische Assoziationen): Die Argumentation wird nicht linear entfaltet, sondern die Themen werden zyklisch miteinander verwoben.

Leiblichkeit Christi: Der leibliche Christus ist von den Jüngern („wir" 1 Joh 1,1) gehört, gesehen, beschaut und getastet worden (7 Verben der Sinneswahrnehmung in 1Joh 1,1-4). Jeder, der bestreitet, dass Jesus der im Fleisch gekommen Sohn Gottes ist, gehört nicht zu Gott. Wenn Jesus nicht der Christus ist, hat sein Tod keine Bedeutung, und es gibt keine Sündenvergebung.

Licht, Wahrheit: Gott ist Licht. Wer Gemeinschaft mit ihm hat, muss auch im Licht wandeln und die Wahrheit tun.

Sündenvergebung/Sünden: Auch Christen können sündigen und haben in Christus Vergebung der Sünden (1,8-9). Es wird jedoch unterschieden zwischen Sünde zum Tode und Sünde, die nicht zum Tode führt. Die Sünde zum Tode kann nicht vergeben werden und soll bei den Christen nicht vorkommen (5,16-17).

Gebote: Das Gebot der Bruderliebe ist zugleich neu und alt. Wer seinen Bruder liebt, erweist sich als wahrhaft gläubig.

Liebe: Gott ist Liebe. Aufgrund seiner Liebe sind die Christen zur Liebe untereinander verpflichtet. Die Liebe führt zum Leben, ist aber auch bereit, das Leben für andere hinzugeben. Liebe zeigt sich nicht in Worten, sondern in Tat und Wahrheit.

Antichristen: Die Antichristen leugnen, dass Jesus der Christus ist. Ihnen wird die Leiblichkeit Christi, welche sie bestreiten, und die Einheit von Vater und Sohn entgegengehalten. Im Auftreten der Antichristen zeigt sich, dass sich die Gläubigen in der Endzeit befinden.

Glauben: Im Glauben, dass Jesus Gottes Sohn ist, wird die Welt überwunden.

Kurze Sätze, die oft Gegensätze enthalten, prägen den Stil. Gegensätze sind Licht-Finsternis 1,5ff; Sünde-Gerechtigkeit (z. B. 1,8-9); Wahrheit-Lüge (z. B. 2,21); Böse-Gerecht (z. B. 3,12); Teufelskinder-Gotteskinder (z. B. 3,10); Furcht-Liebe (4,17f); Liebe-Tod (3,14); Welt-Ewigkeit (z. B. 2,17); Bruderliebe-Brudermord (3,12ff).

Weitere Beobachtungen: Beim 1 Joh fehlen die äußeren Merkmale eines Briefes (Präskript, Postskript), es finden sich aber andere Merkmale: Anrede der Leser und Leserinnen, „dies habe ich euch geschrieben", Bezugnahme auf Probleme der Gemeinde. Der 1 Joh kann deshalb als briefartige Homilie (Brief anstelle einer Belehrung durch einen Wanderprediger?) bezeichnet werden. Es fällt auf, dass der 1 Joh keine alttestamentlichen Zitate enthält. Nur in 3,12 wird mit dem Beispiel Kains auf das AT Bezug genommen. In der Mitte des Briefes befinden sich das Gebot der Bruderliebe und die Gegenüberstellung von Liebe, die zum Leben führt, und Hass, der zum Tode führt (3,11-18). Viele Themen, Motive und sprachliche Formen des 1 Joh finden sich auch in 2 Joh und 3 Joh (s. u.) und im Johannes-Evangelium (s. o.): z. B. Wahrheit, Welt, gezeugt sein aus, erkennen, bezeugen, hassen, Gebot, Liebe, Glauben.

Indikativ-Imperativ-Schema: Der Glaube und das Tun sind unmittelbar miteinander verbunden, das Bleiben in der Wahrheit zeigt sich im Wandel (2,6). Das Halten der Gebote wiederum erzeugt Gemeinschaft mit Gott – das eine erzeugt und fördert also das andere. Indikativ und Imperativ greifen alternierend ineinander.

2 Johannesbrief

1-3	Der Älteste, der auserwählten Herrin	Präskript
4-6	in der Wahrheit wandeln, einander lieben (nicht ein neues Gebot)	Wahrheit und Liebe (Gebot-Gebot-lieben-Liebe, Gebot-Gebot)
7-11	Jesus Christus, im Fleisch gekommen	Antichrist
12-13	nicht mit Papier und Tinte	Postskript

Thema, Kontext und briefliche Angaben zum historischen Ort: Der „Älteste" ('O πρεσβύτερος: eine Autoritätsperson) schreibt an die „auserwählte Herrin" (ἐκλεκτῇ κυρίᾳ) und ihre Kinder: wahrscheinlich ist damit eine Gemeinde und ihre Glieder gemeint; vgl. die „auserwählte Schwester" in V. 13. Er schreibt einen Brief, der die notwendige Verbindung von Wahrheit und Liebe (V. 2-6) und die Warnung vor denjenigen, welche diese auflösen und die Fleischwerdung Christi leugnen (V. 7-11), thematisiert.

Argumentation: *Wahrheit und Liebe* (inklusive Präskript), V. 1-6: Im Zentrum steht der Wahrheitsbegriff (fünfmaliger Gebrauch von „Wahrheit" in V. 1-6). Die Gemeinde, die hier angesprochen ist, hat die Wahrheit erkannt: Es ist dies die Wirklichkeit des Vaters und des Sohns, die in ihr gegenwärtig ist, wirkt und in Ewigkeit bleibt (V. 2). Wer in der Wahrheit lebt, tut das Gebot der Liebe (viermaliger Gebrauch von „Liebe"/"lieben" in V. 1-6). Liebe heißt, die Gebote (plur.) zu halten. Wer nach diesem (alten) Gebot lebt, der wandelt in der Wahrheit und umgekehrt. Wahrheit und Liebe stehen in einer Wechselwirkung zueinander.

Antichrist V. 7-11: Verführer haben diese Wechselwirkung durchbrochen und sind somit aus der Lehre Christi, dem Glaubensgrund, herausgetreten. Deshalb haben sie auch nicht mehr Anteil am Vater und Sohn (V. 9). Sie leugnen die Fleischwerdung Christi (Abwertung der Leiblichkeit). Infolge dieses Bruchs sollen die Gemeindeglieder auch keine solchen herumziehenden Irrlehrer aufnehmen, weil sie sich sonst an deren bösen Werken mitschuldig machen (V. 10.11).

Der Brief schließt in den V. 12-13 mit dem Postskript (Ankündigung eines Besuches und Grüße).

3 Johannesbrief

1	Der Älteste, dem Gajus	Präskript
2-4	Geliebter, ich bitte für dich	Briefliche Danksagung (hier nur briefliche Fürbitte)
5-8	Wir sind schuldig, solche aufzunehmen	Über die Aufnahme von wandernden Lehrern
9-10	Diotrephes nimmt uns nicht an	
11-12	Demetrius hat ein gutes Zeugnis	
13-15	mit Tinte und Feder	Postskript

Thema, Kontext und briefliche Angaben zum historischen Ort: Der „Älteste" (πρεσβύτερος) wendet sich an einen ihm vertrauten und uns nicht näher bekannten Gajus, der ihm dazu verhelfen soll, seine Position (besonders hinsichtlich Leitungs- und Autoritätsfragen) in der Gemeinde vor Ort gegenüber Diotrephes zu stärken. Im Gegensatz zu Gajus, der die wandernden Lehrer gastfreundlich aufnimmt und deshalb in Wahrheit und Liebe wandelt, sträubt sich Diotrephes dagegen und hält andere davon ab. Der Verfasser setzt sich dafür ein, dass Wanderprediger aufgenommen und angehört werden müssen. Diotrephes (Besitzer des Hauses, das der Gemeinde als Versammlungsort dient oder Hausgemeindeleiter) will wahrscheinlich seine Stellung in der Gemeinde stärken, in dem er das charismatische Wanderpredigertum unterbindet.

Dieser persönlich gehaltene Brief ist auch ein Empfehlungsschreiben für Demetrius (V.12). V. 9 gibt einen Hinweis, dass dem vorliegenden Brief bereits ein Schreiben vorausgegangen ist.

Argumentation: Die beiden zentralen Begriffe in diesem Brief sind Wahrheit/wahr (siebenmal) und Liebe/lieben (sechsmal), wobei der Wahrheitsbegriff hier im Zusammenhang mit der Bereitschaft steht, die Wanderlehrer in Liebe aufzunehmen und sie anzuhören (V. 7f).

V. 1 *Präskript*
V. 2-4: *Briefliche Danksagung* (hier ohne eigentliche Danksagung nur mit Fürbitte für Wohlergehen des Empfängers)
V. 5-12: *Über die Aufnahme von wandernden Lehrern*. Gajus, ein Kind der Wahrheit, wandelt in Wahrheit und Liebe, weil er die wandernden Lehrer aufnimmt (V. 5-8). Auch Demetrius hat Zeugnis von der Wahrheit abgelegt (V. 12).
Zentrum des Hauptteils: Informationen über das Verhältnis zu Diotrephes (V. 9-10), der im Bösen verhaftet ist und Gott nicht gesehen hat (V. 11).
V. 13-15: *Postskript*: Ankündigung eines geplanten Besuchs und Schlussgrüße.

Weitere Beobachtungen zu 2 Joh und 3 Joh: Es gibt große Übereinstimmungen zwischen den beiden Briefen hinsichtlich des Briefformulars und der Sprache. Die Länge ist so bemessen, dass sie auf einem gewöhnlichen Papyrusblatt Platz gefunden haben (diesbezüglich erklärend: 2 Joh 12 und 3 Joh 13). Es scheinen Gelegenheitsbriefe aus dem Alltag des „Ältesten" zu sein.

Judasbrief

Verse	Perikopen		Chiastisch angeordnete Perikopenthemen
1	an die geliebten und bewahrten Berufenen	A	Geliebt und in/durch/für Christus bewahrt
2	Barmherzigkeit, Friede und Liebe werde euch reichlicher zuteil	B	Barmherzigkeit und Liebe von Gott
3	für den überlieferten Glauben zu kämpfen	C	Glauben als Grundlage (Hauptthema des Briefes: Kampf für den Glauben)
4	Gottlose haben sich eingeschlichen	D	Gottlose Spötter innerhalb der Gemeinde
5-7	Ich will erinnern	E	Sie sind ungläubige, unzufriedene und unzüchtige Murrende (drei negative Torabeispiele: Unglaube in der Wüste Num 14; Engel und Frauen Gen 6; Sodom und Gomorra)
8-10	als Träumende beflecken, verachten, lästern diese	F	Gottes Gericht über sie (Anspielung auf apokryphe Schrift Ass Mos?)
11	denn sie sind den Weg Kains gegangen	G	Wehe diesen Schandflecken: Vergleich mit drei negativen Torabeispielen (Kain, Bileam, Korach)
12-13	diese sind Flecken	G'	Wehe diesen Schandflecken: Vergleich mit fünf negativen Metaphern (Hirten, die sich selber weiden; Wolken; Bäume; Wellen; Irrsterne). Wort im Zentrum des Briefes: Agapen (Liebesmähler).
14-15	Henoch hat geweissagt	F'	Gottes Gericht über sie (Anspielung auf apokryphe Schrift Hen)
16	Diese murren	E'	Sie sind ungläubige, unzufriedene und unzüchtige Murrende
17-19	dass Spötter sein werden	D'	Gottlose Spötter innerhalb der Gemeinde (rufen Spaltungen hervor)
20-21	Erbaut euch auf eurem Glauben	C'	Glauben als Grundlage
22-23	Erbarmt euch und rettet	B'	Barmherzigkeit und Liebe füreinander
24-25	Der vorm Straucheln zu bewahren vermag	A'	Geliebt und in/durch/für Christus bewahrt

Thema: In die Gemeinde sind "gottlose Spötter" eingedrungen, die bei den gottesdienstlichen Gemeinschaftsmählern (Agapemahl) der Gemeinde prassen und Spaltungen hervorrufen. Sie schmeicheln mit Worten und leben in Ausschweifungen. Ihnen steht das göttliche Gericht bevor. Drei Lösungsschritte werden angeboten (V. 17-23): 1. Erkennen: Die Spötter müssen kommen. Sie sind von den Aposteln angekündigt. 2. Habt Acht auf euch selbst durch Glauben, Liebe und Barmherzigkeit! 3. Rettet die anderen Gläubigen.

Briefliche Angaben zum historischen Ort: Der Verfasser stellt sich als „Judas, ein Knecht Jesu Christi und Bruder des Jakobus" vor (wahrscheinlich ist damit der Herrenbruder Jakobus gemeint; dann stellt sich dieser Judas ebenfalls indirekt als Bruder Jesu vor). Der Brief richtet sich „an die Berufenen, die geliebt sind in Gott", d. h. an alle Gemeindeglieder, außer den „Schandflecken", die nicht berufen sind. Die Gegner innerhalb der Gemeinde leugnen den Herrscher und Herrn Jesus Christus (V. 4), verwerfen alle Herrschaften und lästern die Herrlichkeiten (V. 8; Mächte/Engelsmächte?).

Argumentation und Struktur: Das Präskript A und die Schlussdoxologie A' kennzeichnen den Brief als apostolisches Schreiben (ähnlich zu den Paulusbriefen). Der Brief ist chiastisch strukturiert (ABCDEFGG'F'E'D'C'B'A'). In A-C/C'-A' werden die Berufenen und Geliebten auf den Glaubenskampf vorbereitet, in D-G/G'-D' werden die Gegner charakterisiert. Zentrales Wort (Mitte) und Höhepunkt im Aufbau sind die Agapen (gottesdienstliche Mahlgemeinschaften):

AA' Die berufenen Gläubigen sind durch Gott selber behütet und bewahrt. Weil Gott sie bewahrt, sind sie den Verführern nicht einfach ausgeliefert.

BB' Liebe und Barmherzigkeit von Gott werde ihnen reichlicher zuteil. Sie sollen sich der Zweifelnden erbarmen und sie retten.

CC' Der Glaube ist die Grundlage, deshalb sollen sie für ihn kämpfen und auf ihm aufbauen.

DD' Die Apostel haben vorausgesagt, dass es gottlose Spötter innerhalb der Gemeinde geben wird. Diese verursachen Spaltungen.

EE' Sie sind ungläubige, unzufriedene und unzüchtige Murrende, wie es sie schon in der Tora gibt.

FF' Gott wird sie richten.

GG' Denn sie sind Schandflecken, sowohl nach der Tora als auch sonst. Ihr Einfluss wird an den Liebesmählern der Gemeinde konkret.

Anmerkungen zur Theologie und Ethik: *Gott* ist einzig (monotheistisch) und Heiland/Retter (V. 25). Jesus *Christus* ist einziger (monotheistisch) Herrscher und Herr. Dies bestreiten die Gegner (V. 4) und achten nicht, dass es unter Gott weitere Mächte und Gewalten (Herrlichkeiten, Engel, ...) gibt (V. 8). Die Gegner treten wahrscheinlich für einen radikalen Monotheismus ein, wo es neben Gott keinen Platz für Christus und unter ihm keinen für Engelsmächte gibt. Ihnen wird eine negative *Ethik* vorgeworfen: Unzufriedenheit, Begierden (Unzucht), Stolz, Schmeichelei (V. 16). Demgegenüber ist Barmherzigkeit die höchste Tugend (V. 21f).

Offenbarung des Johannes: Das „Schauspiel" der Offenbarung Jesu Christi: Ein Drama in 7 „Akten" à je 7 „Szenen"

Perikope oder Szene		Einheit oder Akt / *Ort; Schauplatz*
1,1-3	Offenbarung Jesu Christi	Titel
1,4-8	Das A und das O	Präskript (Absender, Adressat, Segen, Doxologie)
1,9-20	Menschensohn auf Patmos	Prolog / *Patmos*
2,1-7	Ephesus (1. Sendschreiben)	1. Akt 1,9-3,22: 7 Sendschreiben (2,1ff)
2,8-11	Smyrna (2. Sendschreiben)	
2,12-17	Pergamon (3. Sendschreiben)	
2,18-29	Thyatira (4. Sendschreiben)	
3,1-6	Sardis (5. Sendschreiben)	
3,7-13	Philadelphia (6. Sendschreiben)	
3,14-22	Laodicea (7. Sendschreiben)	
4,1-5,14	Thron Gottes mit Lamm	*Thron Gottes*
6,1-2	Weißes Ross (1. Siegel)	2. Akt 4,1-8,1: 7 Siegel (6,1ff)
6,3-4	Rotes Ross (2. Siegel)	
6,5-6	Schwarzes Ross (3. Siegel)	
6,7-8	Fahles Ross (4. Siegel)	
6,9-11	Seelen unter dem Altar (5. Siegel)	
6,12-17	Kosmische Katastrophe (6. Siegel)	
7,1-8	144 000 Versiegelte	1. Zwischenspiel
7,9-8,1	Große Menge	2. Zwischenspiel
8,1	Stille im Himmel (7. Siegel)	

8,2-6	Goldener Altar	**Goldener Altar**
8,7	Erde (1. Trompete)	3. Akt 8,2-11,18: 7 Trompeten (8,7ff)
8,8-9	Meer (2. Trompete)	
8,10-11	Flüsse (3. Trompete)	
8,12-13	Sonne (4. Trompete)	
9,1-12	Heuschrecken (5. Trompete)	
9,13-21	Gepanzerte Rosse (6. Trompete)	
10,1-11	Büchlein zum Essen	1. Zwischenspiel
11,1-14	Vermessung des Tempels und die zwei Zeugen	2. Zwischenspiel
11,15-18	Stimmen im Himmel (7. Trompete)	
11,19	Bundeslade	**Bundeslade**
12,1-18	Frau mit Kind	4. Akt 11,19-14,20: 7 Zeichen (12,1ff)
13,1-10	Tier aus dem Meer	
13,11-18	Tier aus der Erde	
14,1-5	Lamm und die 144 000	
14,6-13	Drei Engel	
14,14-16	Sichel	
14,17-20	Kelter des Zorns	
15,1-16,1	Lied des Lammes	**Gläsernes Meer, Tempel, Stiftshütte**
16,2	Erde (1. Zornschale)	5. Akt 16,1-21: 7 Zornschalen (16,1ff)
16,3	Meer (2. Zornschale)	
16,4-7	Flüsse (3. Zornschale)	
16,8-9	Sonne (4. Zornschale)	
16,10-11	Thron des Tiers (5. Zornschale)	
16,12-16	Euphrat (6. Zornschale)	
16,17-21	"Es ist geschehen" (7. Zornschale)	

17,1-3a	Wüste	*Wüste*
17,1-18	Frau auf dem Tier	6. Akt 17,3b-20,15: 7 Schaustücke
18,1-24	Fall Babylons	
19,1-10	Hochzeit des Lamms	
19,11-21	Endkampf	
20,1-6	Tausendjähriges Reich (20,1ff)	
20,7-10	Sieg über den Teufel	
20,11-15	Letztes Gericht	
21,1	Neuer Himmel und neue Erde	*Neuer Himmel und neue Erde*
21,2-5	Zelt Gottes bei den Menschen	7. Akt 21,1-22,5: 7 Aspekte des himmlischen Jerusalems
21,6-8	Alpha und Omega	
21,9-11	die Frau des Lammes	
21,12-14	Zwölf Tore	
21,15-21	Zwölf Grundsteine	
21,22-27	Kein Tempel	
22,1-5	Thron Gottes	
22,6-21	Worte der Weissagung in diesem Buch	Epilog

Frei nach Morey, E. W., Our God Reigns. A Guide to Understanding Revelation, Fairfax (VA) 2001.

Thema: Die Offenbarung des Johannes ist ein apokalyptisches Buch. Der Seher Johannes sieht im Exil auf Patmos Jesus Christus (Offb 1). Auf dessen Anordnung hin schreibt er sieben Gemeinden je einen Brief (Offb 2-3). Danach erhält er Zutritt zum Himmel, schaut dort das himmlische Geschehen und erkennt dessen Relevanz für die Erde (4,1ff).

Naturkatastrophen und Plagen werden angekündigt (sog. „Trübsal"). Im letzten Gericht werden alle widergöttlichen Mächte abgeurteilt. Der Widersacher (das Tier) und der Teil der Menschen, die nicht „überwunden" haben, werden den zweiten Tod erleiden. Allen anderen steht das ewige Leben ohne Unglück und Trauer (21,4) im neuen Jerusalem bevor, nachdem Christus seine Braut, die Kirche, geheiratet hat (Hochzeit des Lammes). Die Ereignisse werden nicht in chronologischer Reihenfolge dargestellt, sondern in Form eines dramatischen, kosmischen Schauspiels.

Kontext und briefliche Angaben zum historischen Ort: Offb dient der Erbauung der verfolgten Gemeinden. Sie sind Drangsal und Verfolgungen ausgesetzt (z. B. 1,9; 2,9f; 3,9; 7,14), weil sie nicht am Kaiserkult teilnehmen. Zum einen unterliegen sie behördlichen Repressionen, die für die Gläubigen lebensbedrohend werden (2,9f.13; vgl. Offb 3,10; 6,9-11; 11,7-9; 13,15; 17,6; 18,24; 20,4), zum anderen stehen sie im Streit mit Synagogen, in welchem sie offensichtlich die schwächere Position haben (2,9; 3,9). Neben den Sendschreiben hat die Offb eine universale Perspektive, schließt also die ganze Kirche und alle Menschen mit ein, ist aber an die Gemeinden gerichtet (22,16). Der satanische Weltherrschaftsversuch wird in dramatischer Steigerung durch den wiederkommenden Herrn zerstört.

Argumentation und Struktur: Die Zahl 7 nimmt eine wichtige Rolle ein. Sie ist eine göttliche Zahl. Die gesamte Struktur der Offenbarung ist mit ihr geordnet. Beispielsweise löst jeweils die Handlung eines himmlischen Wesens (Engel, Lamm) in siebenfacher Folge Plagen auf der Erde aus. Das Lamm hat 7 Hörner und 7 Augen (5,6). 7 Donner ertönen im Himmel (10,3). Ereignisse auf der Erde folgen auf Ereignisse im Himmel.

Insgesamt wird der Aufbau der Offb von einer zielgerichteten Bewegung bestimmt: Gottes Herrschaft setzt sich trotz der Plagen und des endzeitlichen Widersachers durch.

Weitere Beobachtungen: Nicht nur die Zahl 7, auch andere Zahlen spielen in der Offenbarung eine Rolle:
Um den Thron Gottes stehen 24 Throne (2x12) (4,4).
Von jedem Stamm Israels werden 12 000 versiegelt (12x12x1 000=144 000) (7,4-8).
Die Frau in Kap. 12 trägt einen Kranz mit 12 Sternen auf ihrem Haupt.
Naturkatastrophen zerstören immer 1/3.
Das neue Jerusalem hat 12 Tore und an den Toren 12 Engel und die Namen der 12 Stämme darauf geschrieben. Die Mauer hat 12 Grundsteine und auf ihnen die 12 Namen der 12 Apostel des Lammes (21,12-14).
Die Zahl des Tieres ist 666 (13,18).
Zahlreiche eingeschobene Akklamationen und Hymnen: z. B. 4, 8.11; 19,6-8.

Anmerkungen zur Theologie und Ethik: *Von der Heiligen Schrift:* Das Wort Gottes nimmt eine besonders wichtige Stellung ein. Es ist einerseits das überall vorausgesetzte Alte Testament, andererseits aber auch das Wort, das wie ein zweischneidiges Schwert aus dem Munde des Menschensohn kommt (1,16), bzw. das Christus selber ist (19,13). *Gott*, der Allmächtige, ist der Herrscher und Richter. Er wird Satan und alle Gottlosen vernichten. Jesus *Christus* ist das Lamm Gottes (achtundzwanzig Mal als Titel gebraucht). Da er sich als Opferlamm hingegeben hat, ist ihm Herrschaft und Herrlichkeit gegeben. Dadurch hat er den Gläubigen Anteil an der Königsherrschaft Gottes (Basileia) gegeben (1,9) und sie zu Königen und Priestern gemacht (1,6). Die *Kirche* spielt eine wichtige Rolle. Johannes tritt für eine bruderschaftlich geprägte Kirche ein. Alle Gläubigen, auch Johannes, sind Brüder und Knechte. Nach der Hochzeit des Lammes mit der Kirche als Braut wird diese mit Gott im neuen Jerusalem uneingeschränkte Gemeinschaft haben.

Anmerkungen zu den Einleitungsfragen

Einleitungsfragen und Bibelkunde sind zwei ganz verschiedene Gattungen. Bibelkunde kann nicht über Einleitungsfragen gelernt werden. Deshalb wird erst am Ende der Bibelkunde ein kurzer Ausblick auf diese Fragen gegeben. Im Unterschied zum bibelkundlichen Stoff stellen diese kurze Hinweise auch nicht die Forschungsmeinung des Autors dar, sondern referrieren heute in der deutschsprachigen Theologie gängige Meinungen. Bei den Einleitungsfragen gibt es heute sehr wenig absolute Forschungskonsense. In den letzten zwanzig Jahren sind im Gegenteil viele vermeintliche Konsense wieder in Frage gestellt worden. So müssen Einleitungsfragen immer im Kontext der entsprechenden Diskussionen gelernt werden.

Mt: Der Verfasser wird im Evangelium nicht genannt. Die große Bedeutung der Tora und der Heiligen Schrift könnte auf einen Verfasser aus schriftgelehrten jüdischen Kreisen hinweisen. Die altkirchliche Tradition kennt den Apostel und ehemaligen Zöllner Matthäus als Autor des Mt. Obwohl das Mt gemeinhin als Dokument judenchristlicher Theologie gilt, hat es doch universalistischen Anspruch, da das ‚Evangelium' letztlich für die ganze Welt bestimmt ist. Über Zeit und Ort der Abfassung wird spekuliert, wobei eine Niederschrift um 80 n. Chr. in einem toraobservanten Milieu Syriens in Betracht gezogen wird. Nach der sog. Zweiquellentheorie beruht das Evangelium nach Matthäus auf dem älteren Mk-Evangelium, auf Material der Logienquelle Q sowie auf Sondergut. Schon 1 Petr dürfte das Mt benutzt haben. Beachte auch die vielen Parallelen des Jak zu Mt.

Mk: Verfasser: Jesusanhänger mit Namen Markus (nicht im Text, sondern erst im Titel genannt). Altkirchliche Tradition: Johannes Markus, ein Mitarbeiter des Paulus (vgl. Kol 4,10; Phlm 24; 2 Tim 4,11; Apg 12,12.25; 15,37.39) und Helfer des Petrus (1 Petr 5,13; nach Papias: Dolmetscher des Petrus. Alte Vermutung: Fliehender nackter Jüngling in Mk 14,51f sei Selbstdarstellung des Autors. Heute wird die Abfassung des Mk durch Johannes Markus meist bestritten und für

einen Heidenchristen als Autor außerhalb Palästinas plädiert (um das Jahr 70 oder früher). Vermutung zum Empfänger: Griechisch-sprechende, heidenchristliche Gemeinde außerhalb Palästinas die unter besonderem römischen Einfluss steht (s. die vielen Latinismen). Gründe, die für eine Lokalisierung außerhalb Palästinas sprechen: Übersetzung von hebräischen und aramäischen Ausdrücken ins Griechische (3,17;5,41;7,11.34) und Erklärung jüdischer Ritualvorschriften (7,3f).

Als Quellen werden Sammlungen (Passionsgeschichte, Gleichnisse, Streitgespräche, ...) und Einzelstücke angenommen; meist in griechischer Sprache (aber auch aramäische Vorstufe); schriftliche Vorlagen und mündliche Tradition. Vielleicht wurde der abrupte Schluss des Evangeliums mit dem leeren Grab und dem Zittern und der Ekstase der fliehenden Frauen mit der Zeit als anstößig empfunden, und deshalb das Evangelium mit einem sekundären Schluss, wo der Auferstandene erscheint, ergänzt.

Lk: Die Verfasserfrage ist ungeklärt: Die altkirchliche Tradition schreibt das Doppelwerk (Widmung zweimal an Theophilus) aufgrund der Wir-stellen in der Apostelgeschichte (z.B. „...da suchten wir sogleich nach Mazedonien zu reisen..." Apg 16,10) dem engen Mitarbeiter des Paulus zu, der in drei Briefen als Lukas (der Arzt) erwähnt wird (Kol 4,14; Phlm 24; 2 Tim 4,11).

Lk wird oft in die Jahre um 90.n.Chr. datiert. Der Abfassungsort ist unsicher, die die Apg kennzeichnende Perspektive von Jerusalem weg auf Rom als Hauptstadt des Weltreichs, weist möglicherweise auf Rom als Abfassungsort hin.

Gegenüber Markus werden Lk 6,20-8,3 (kleine Einschaltung) und Lk 9,51-18,14 (große Einschaltung) besonders unterschieden.

Joh: Die Verfasserfrage ist ungeklärt: Irenäus von Lyon schreibt das Evangelium dem Jünger Johannes, dem Sohn des Zebedäus, zu. Allerdings wird heute meistens bestritten, dass der Verfasser ein

Augenzeuge war. Der Ursprung der johanneischen Gemeinde wird im judenchristlichen Milieu vermutet (Ausschluss aus der Synagoge 9,22; 12,42; 16,2). Zugleich ist Joh auch für Heidenchristen bestimmt: Mehrfach Erklärungen jüdischer Bräuche (z. B. 2,6) und Übersetzungen von hebräischen/aramäischen Fremdwörtern (z. B. 1,38). Ob Kleinasien (Ephesus) oder Syrien (nördlich von Galiläa) der Entstehungsort war, ist umstritten. Joh wird meistens zwischen 90-110 n. Chr. datiert. Es gibt allerdings auch Datierungen vor 70 n. Chr.. Ob Joh 21 von Anfang an zum Evangelium gehört hat oder ein späterer Nachtrag ist, wird kontrovers diskutiert.

Apg: s. Evangelium nach Lukas.

Röm: Paulus verbrachte die letzten Monate vor der Abreise nach Jerusalem in Mazedonien und Achaja (Apg 20,1-6). Da er nach Röm 16,23 im Haus des Gajus gewohnt hat und dieser Name für ein von Paulus in Korinth getauftes Gemeindeglied bekannt ist (1 Kor 1,14), kommt Korinth als Abfassungsort in Betracht. Dazu passt auch die Empfehlung der Phöbe aus Kenchreae, der östlichen Hafenvorstadt Korinths (Röm 16,1). Aus den Grüßen an ehemals durch das Claudiusedikt aus Rom ausgewiesene und inzwischen wieder zurückgekehrte jüdische Gemeindeglieder (Aquila und Prisca) geht hervor, dass dieses Edikt nicht mehr in Kraft war (vgl. Apg 18,2). In Jerusalem überbrachte Paulus die Kollekte, mit der er die Gemeinschaft zwischen den Heidenchristen im römischen Reich und den Judenchristen in Jerusalem vertiefen wollte. In Jerusalem wurde er inhaftiert und nach Cäsarea gebracht und von dort nach längerer Haft als Gefangener nach Rom transportiert.

1 Kor: Zeit und Ort der Abfassung: Ephesus ca. 55 n.Chr. Empfänger: Christlicher Glaube schon vor der Gemeindegründung bekannt (Apg18,2f). Andere Quellen: 1Clem 47,1-3 erinnert an 1Kor1,12;3,22 – ältestes Zeugnis.

2 Kor: Nach der Abfassung des 1 Kor unternahm Paulus noch eine Reise nach Korinth und kehrte nach Ephesus zurück. Er sandte Titus nach Korinth und übte seine Missiontätgikeit in Troas aus. Von dort reiste er nach Mazedonien, wo er wieder mit Titus zusammentraf. Dort schrieb er den Brief im Jahr 55/56.

Die Spannungen zwischen K. 1-9 und 10-12 (s. unter Besonderes) und die sachliche Parallelität zwischen den beiden Kollektenkapiteln 8 und 9 boten Anlass zu Trennungshypothesen.

Gal: Paulus schrieb Gal wahrscheinlich 55 n. Chr. in Makedonien (andere Meinung: Ephesus). Die Gemeinden in Galatien sind entweder in der Landschaft Galatien, ursprünglich ein keltisches Siedlungsgebiet (Landschaftshypothese, nordgalatische Theorie), oder in der Provinz Galatien (Provinzhypothese, südgalatische Theorie) zu lokalisieren. Nach der Provinzhypothese wären sie schon auf der ersten Missionsreise des Paulus gegründet worden (Apg 13,13-14,28) und hätten eher mehr judenchristliche Mitglieder, nach der Landschaftshypothese wären sie erst auf der zweiten (Apg 16,6) oder sogar erst auf der dritten (vgl. Apg 18,23) gegründet worden und wären vor allem heidenchristlich geprägt.

Eph: Eph und Kol weisen viele Parallelen auf in Makrostruktur, Thematik, Sprache und Terminologie. Häufige Erklärung: Literarische Abhängigkeit des Eph von Kol. Meistens wird nicht Paulus, sondern ein hellenistischer Judenchrist aus der Paulusschule als Verfasser angenommen, der diesen Brief zwischen 80 und 90 n.Chr. irgendwo in Kleinasien abgefasst habe.

Phil: Wenn Rom als Ort der Gefangenschaft angesehen wird, handelt es sich um den spätesten authentischen Paulusbrief, der dann um ca. 60 n. Chr. angesetzt werden muss. Auch eine Entstehung des Briefes in Ephesus wird angenommen (obwohl es dort kein Prätorium gibt), was dann eine Datierung des Briefes um 54 und 55 n. Chr. zur Folge hätte. Da Paulus in 2,25-3,1a den Brief scheinbar beendet, gibt es Hypothesen, dass es sich in 3,2-4,1 um ein Fragment aus einem anderen Brief handelt (datiert auf ca. 56. n. Chr.). Doch Paulus sagt ja in 3,1b, dass er nochmals über die bereits behandelten Briefthemen schreiben will (s. o. die 2x 5 Briefthemen).

Kol: Die Verfasserschaft des Paulus ist umstritten. Die brieflichen Angaben legen jedoch den Schluss nahe, dass Paulus aus seiner Gefangenschaft in Rom ca. 60 n. Chr. an die Gemeinde in Kolossä schreibt. Diese liegt etwa 160 km östlich von Ephesus und ist wohl von seinem Mitarbeiter Epaphras gegründet worden. Paulus selbst hat sie jedoch noch nie besucht.

1 Thess: Wahrscheinlich ältester Brief von Paulus, vielleicht um 50 n. Chr. in Korinth verfasst.

Näheres zu den Proömien und zur Briefstruktur: Wick, P., Ist I Thess 2,13-16 antijüdisch? Der rhetorische Gesamtzusammenhang des Briefes als Interpretationshilfe für eine einzelne Perikope. Theologische Zeitschrift 50, 1994, 9-23.

2 Thess: Verfechter von Paulus als Autor des 2 Thess datieren den Brief meistens unmittelbar nach 1 Thess ca. 50/51 n. Chr. in Korinth. Meistens wird die paulinische Verfasserschaft bestritten. Dann oft um das Ende des 1. Jh. datiert und in Makedonien oder Kleinasien lokalisiert.

1 Tim / 2 Tim / Tit (Pastoralbriefe): 1 Tim, 2 Tim und Tit werden Pastoralbriefe genannt, da sie nicht an Gemeinden, sondern Mitarbeiter von Paulus (vgl. Pastoren) gerichtet sind. Weil sich in ihnen u. a. eine veränderte Gemeindesituation - eine Gemeindeordnung mit institutionalisierten Leitungsgremien und Amtsträgern - findet, wird heute oft die paulinische Verfasserschaft bestritten. Dann wird die Abfassung z. B. auf 100 n. Chr. in Ephesus festgelegt.

Phlm: Wahrscheinlich schrieb Paulus den Phlm in der Gefangenschaft in Rom kurz nach 60 n. Chr. nach Kolosäa.

Hebr: Bis zur Synode in Karthago (397) sah man in Paulus den Verfasser des Hebräerbriefes. Trotz des paulinisch anmutenden Briefschlusses, geht man heute von einem unbekannten Verfasser aus, da z.B. die für Paulus charakteristische Gerechtigkeitsdiskussion nicht aufgenommen wird. Der Vf. war stark jüdisch-hellenistisch geprägt (Diasporajude). Sein Wortschatz ist sehr reich und die Satzkonstruktionen sehr komplex, was den Hebr zur stilistisch hochstehendsten Schrift des NTs macht. Auffällig sind die 35 wörtlichen und 80 indirekten Zitate des AT und die Exegese im jüdischen Stil. Der Adressat musste also mit der jüdischen Gelehrsamkeit vertraut sein, doch wird es sich wohl um eine Gemeinde aus Heiden- und Judenchristen gehandelt haben. Die Integrität des Briefschlusses (13,22-25) ist fragwürdig, er könnte zur Weiterleitung dieser Mahnschrift (Eigenbezeichnung 13,22: "Wort der Ermahnung") gedient haben. Dagegen spricht jedoch der konkrete Inhalt des Hebr.

Jak: Die Verfasserschaft ist umstritten. Jakobus kann der Herrenbruder sein. Der Verfasser setzt bei den Adressaten voraus, dass sie wissen, wer er sei (Jakobus, ohne weitere Bezeichnung). Dann wäre dieser Brief eine der ältesten Schriften des NT (50 n. Chr.) und in Jerusalem abgefasst. Die an Christus glaubenden Juden (und Heiden?) werden in eine weiterentwickelte, frühjüdische Weisheitstradition eingewiesen (nähe zu Jesus Sirach). Viele meinen, dass er am Ende des 1. Jahrhunderts entstanden sei, und einer nachlässig werdenden Christenheit ins Gewissen rede. Dann richtet er sich gegen einen entstellten Paulinismus und ist vielleicht in Alexandrien (Zentrum der jüdisch-hellenistischen Weisheitsliteratur) geschrieben worden.

1 Petr: 1 Petr wird meistens als pseudepigraphisches Schreiben aufgefasst, dass um 90 n. Chr. in Kleinasien entstanden sei. Die Empfänger sind die Gemeinden Kleinasiens. Die Ortsgemeinden werden durch Älteste geleitet (5,1-4). Dem gegenüber stehen charismatische Dienste, die in den Gemeindeversammlungen praktiziert werden (4,10f).

2 Petr: Meistens wird 2 Petr in der ersten Hälfte des 2. Jh. datiert. Dann wäre er von einem unbekannten Verfasser geschrieben worden. Jedenfalls lag 1 Petr bereits vor (3,1).

1 Joh: Die vielen thematischen und sprachlichen Parallelen zum Johannesevangelium und zu 2 Joh und 3 Joh führen immer wieder zur Annahme, dass alle von einem Verfasser stammen. Allerdings wird das auch immer wieder bestritten. Dann werden alle diese Schriften einem gemeinsamen Verfasserkreis zugeordnet, dem sogenannten johanneischen Kreis. Verschiedene Reihenfolgen dieser Schriften werden diskutiert. 1 Joh wird meistens zwischen 90-110 n. Chr. datiert.

2 Joh: Die Verfasserschaft ist unklar: "Der Älteste" (V. 1) deutet auf eine Autoritätsperson hin, die allgemein bekannt und anerkannt war. Häufig wird darin der Presbyter Johannes als hervorragende Gestalt innerhalb der johanneischen Schule (evtl. deren Gründer) gesehen.

Die Altkirchliche Tradition schreibt den Brief meistens dem Apostel Johannes zu. Ebenfalls umstritten ist die Adressatin, die auserwählte Herrin und ihre Kinder. Teilweise wird von einer angesehenen Frau ausgegangen, mehrheitlich jedoch von einer Gemeinde und ihren Gliedern.

Entstehung: Vielleicht in Kleinasien, evtl. in Ephesus. 2 Joh wird meistens zwischen 90-110 n. Chr. datiert.

3 Joh: 3 Joh wird meistens zwischen 90-110 n. Chr. datiert. Verfasst vermutlich kurze Zeit nach 2 Joh (vgl. 2 Joh).

Jud: Der Judasbrief ist wahrscheinlich ein pseudepigraphisches Schreiben eines Judenchristen an judenchristliche Gemeinden in Kleinasien um 80-100 n.Chr. Diese leben in angespannter eschatologischer Erwartung, die verbunden ist mit Traditionen des antiken Judentums. Die Gegner stehen in der Auseinandersetzung um das Erbe paulinischer Theologie (Zusammenhang Antinomismus und Engelverachtung 1Kor 6,3/13,1 - Kol 2,18f, Antithese psychikos-pneuma 1Kor 2,14, Rechtfertigungstheologie - falschverstandene charis theou).

Offb: Die Verfasserschaft der Offb ist unklar. Ob hier derselbe Verfasser wie in 1 Joh, 2 Joh, 3 Joh und/oder Joh schreibt, ist umstritten. Seit frühkirchlicher Zeit (Justin, Irenäus) wird er mit dem Zebedaiden und dann mit dem Verfasser des Joh identifiziert. Wahrscheinlich fand die Niederschrift zur Zeit Domitians statt (81-96 n. Chr.). Die Städte der sieben kleinasiatischen Adressatengemeinden der Sendschreiben liegen inmitten eines Gebietes, in dem der Kaiserkult unter Domitian besonders blühte. Nicht nur in den beiden Tieren (Offb 13; 17) wird dieser heidnische Kult greifbar, sondern etwa auch im Problem, daß einige Gemeindemitglieder Götzenopferfleisch essen und so die strikte Trennung vom heidnischen Kult nicht wahren (Offb 2,14.20.24). Die Offb enthält sowohl für die Apokalyptik wichtige Elemente (Bildersprache, Visionen, Zahlenspiele) als auch untypische (keine pseudepigraphischen Angaben), weswegen sie nicht zu den frühjüdischen Apokalypsen gezählt werden kann. In der Offb werden Hinweise über die Endzeit vor allem aus dem Danielbuch, aber auch aus Jes, Jer, Joel, Sach (u. a.), sowie aus den Endzeitreden Jesu (Mt 24; Mk 13; Lk 21) und aus endzeitlichen Abschnitten der Apostelbriefe (1./2. Thess; 2. Petr u. a.) aufgenommen.

Worterklärungen

Chiasmus: Strukturelle Anordnung von sprachlichen Elementen und/oder Themen in der Reihenfolge ABB'A'.

Einheit (thematisch): Thematischer Block, der aus mehreren Perikopen besteht.

Epistolographie/epistolographisch: Briefschreibkunst, beziehungsweise die Lehre vom Briefschreiben (s. o. ?)

Hauptteil (thematisch): Thematischer Block, der aus mehreren thematischen Einheiten besteht.

Haustafel: Ethische Weisung für alle Angehörigen eines Haushaltes, meistens in Gegensatzpaaren angeordnet (Mann - Frau; Eltern – Kinder; Herr – Sklave).

Konzentrische Struktur: Strukturelle Anordnung von sprachlichen Elementen und/oder Themen in der Reihenfolge ABCB'A'. Damit wird das zentrale Element oder Thema (hier C) besonders hervorgehoben.

Makrostruktur: Hauptgliederungsebene eines Textes (in den Strukturtabellen immer rechts).

Mnemotechnik/mnemotechnisch: Die Technik vom Auswendiglernen.

Parallelismus: Strukturelle Anordnung von sprachlichen Elementen und/oder Themen in der Reihenfolge ABA'B'

Perikopen: Bezeichnung für Geschichten, Argumentationseinheiten, etc, die in einem zusammenhängenden Textabschnitt stehen.

Peristasenkatalog: Aufzählender Bericht von widrigen Umständen, Gefahren, Leiden und Verfolgungen

Postskript: Briefschluss, der in der Antike nach einem festgelegten Schema gestaltet werden musste (s. Strukturdiagramm „Die Grundstruktur der neutestamentlichen Briefe")

Präskript: Brieferöffnung, die in der Antike nach einem festgelegten Schema gestaltet werden musste (s. Strukturdiagramm „Die Grundstruktur der neutestamentlichen Briefe")

Proömium: Vorwort einer Rede, welches mit bestimmten rhetorischen Elementen gestaltet wurde (s. Strukturdiagramm „Die Grundstruktur der neutestamentlichen Briefe")

Rhetorik/rhetorisch: Redekunst, beziehungsweise die Lehre vom Reden (s. Strukturdiagramm „Die Grundstruktur der neutestamentlichen Briefe")

Synoptiker/synoptisch: Sammelbegriff für die ersten drei Evangelien (Mt, Mk, Lk).

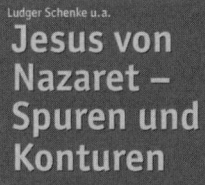